새 언약의 기도

새 언약의 기도

최 순 애 지음

믿음의 말씀사

새 언약의 기도

1판 1쇄 인쇄일 · 2008년 3월 10일
1판 1쇄 발행일 · 2008년 3월 13일

지 은 이 최 순 애
발 행 인 최 순 애
펴 낸 곳 믿음의 말씀사
주   소 경기도 용인시 기흥구 마북동 323-4
전화번호 (031) 8005-5493 FAX : (031) 8005-8897
홈페이지 http://faithbook.kr
        http://www.jesuslike.org
출판등록 제68호 (등록일 2000. 8. 14)

ISBN 89-90836-55-7 03230
값 8,000원

목 차

저자 서문 ·· 6

제1장 그리스도인이 기도하는 이유 ······················· 11
제2장 기도의 종류 ·· 23
제3장 예수님이 기도에 대해 하신 말씀 ················ 57
제4장 사도 바울을 통해 하신 말씀 ························ 79
제5장 다른 사도들을 통해 하신 말씀 ·················· 103
제6장 응답받는 기도의 7단계 ································ 119
제7장 효과적인 기도에 필요한 7가지 ·················· 143
제8장 기도에 있어서 하나님의 뜻 ························ 159

부록
예수를 닮는 성도의 기도 ·· 170
기도제목별 하나님의 말씀 ······································ 172

저자 서문

할렐루야! 시간이 지날수록 하나님의 사랑과 예수님의 순종으로 우리에게 은혜로 주어진 구원이 얼마나 풍성한 것인지 매일 더 깨닫게 하심으로 나의 삶을 풍성케 하시는 주님을 찬양합니다.

믿으려고 애써 보았지만 그렇게 믿어지지 않던 예수님을 성령세례를 받음으로 만난 후 그 감격을 가지고 주님의 신실하심과 실재하심을 체험하며 기도에 늘 힘쓰며 살아왔었습니다.

1,000일 철야 등 많은 기도의 시간들이 있었고, 많은 증거와 열매들도 있어 별 의심 없이 10년이 넘는 기도생활을 해오던 어느날, 제가 그렇게 열심히 해오던 기도가 성경말씀보다는 교회의 전통과 주변에서 보고 들은 것에 기반을 두고 있었다는 사실을 발견하고는 놀라움을 금할 수 없었습니다.

주 그리스도 예수로 말미암아 함께 십자가를 통과한 신약의 성도로서가 아닌 구약의 여호와 하나님을 섬기던 이스라엘 백성들과 별다를 바 없는 기도생활을 하고 있음을 별견하고 우리에게 풍성한 삶을 주시기 위해 그토록 큰 값을 치루신 우리 주님께 죄송하기도 했습니다.

그 일은 1998년 미국 오클라호마주 '털사' 라는 도시에 있는 '레마성경훈련소(Rhema Bible Training Center)에서 일어난 일입니다. 그후 저는 기도의 모든 잘못된 체질을 성경말씀을 따라 고치며, 염려 때문에 하던 기도, 문제를 해결하려는 기도를 벗어나 더 효과적인 기도와 기도를 통해 하나님 아버지를 더 알아가며, 성령님과 하나됨을 경험하게 되므로 기도는 '해야 하는 것' 이 아니라 '하고 싶은 것' 이 되었고 기도하는 시간이 제게는 이 세상에서 가장 행복한 시간이 되었습니다.

많은 사람들은 문제가 있을 때 그 문제를 해결하기 위해 기도합니다. 물론 우리 하나님 아버지께서 우리의 문제를 해결해주길 기뻐하십니다. 그러나 우리가 겪는 문제들 중 많은 부분은 우리의 잘못된 결정이나 잘못 뿌리 씨앗 때문에 일어나는 것이므로 내가 근본적으로 변화하지 않는 한 나는 그러한 문제를 계속 만들 것이며 평생 그런 문제를 해결하기 위해 기도해야 할 것입니다. 그러나 성경은 우리가 세상적인 방법이나 생각이나 태도를 떠나 하나님의 말씀을 따라 생각하고 말하고 살아갈 때 하는 일마다 형통한다고 약속하고 있습니다.(시편 1:1-3)

우리가 더 발전되고 형통한 삶을 살기 원한다면 우리의 기도도 하나님의 말씀을 따라 변화되어야 합니다. 그러므로 우리가 문제를 해결하기 위한 간구의 기도 뿐아니라, 생각을 새롭게 하는 말씀 고백 기도, 속사람을 강건케 하는 방언기도,

경배기도를 함으로 우리 자신이 변화된다면 우리의 기도는 더욱 효과적이 될 것입니다.

특별히 신약 성도의 기도는 하나님을 변화시키는 것이 아니라, 예수님이 십자가에서 이미 이루어 준비해 놓으신 축복을 내가 믿음으로 취하는 것이 기도의 본질입니다. 기도의 본질은 하나님을 움직이게 하는 것이 아니라, 내가 변화되어 축복받는 자리로 들어가는 것입니다.

아직도 주변에 있는 많은 그리스도인들이 예전의 저와 같은 방법으로 열심을 다해 기도하는 것을 보며 함께 나누고 싶어 이 내용들을 교회에서 가르치기 시작했습니다.

이 책은 성도님들이 무조건 하는 기도를 벗어나 성경적이고 효과적인 기도를 할 수 있도록 우리 교회에 있는 '기도학교'에서 가르친 내용을 녹취하여서 엮은 것입니다. 대부분의 내용들은 Kenneth E. Hagin 목사님의 가르침을 토대로 배워서 실천한 것들입니다.

이 책을 읽어나가면서, 자신의 기도생활을 성경말씀을 토대로 점검하여 하나하나 바꾼다면 기도가 효과적인 기도로 변할 것이며 기도의 많은 열매가 있을 것을 확신합니다.

너무나 오래 익숙해진 옛 체질 때문에 처음에는 쉽지 않을 수도 있습니다. 그러나 우리 주님께서 주신 말씀은 그것이 어느 분야의 말씀이든 그대로 따르면 풍성한 열매가 예비되어 있습니다.

끝으로, 너무나 바쁘신 가운데도 기쁜 마음으로 자원하시어 책이 발간되도록 모든 과정 가운데 수고해주신 박상래 집사님께 깊은 감사를 드립니다.

지금은 하늘나라에서 우리 주님과 함께 계신 스승이신 Kenneth E. Hagin 목사님을 나의 삶 가운데 인도해주신 하나님 아버지께 감사드립니다.

모든 성도가 새 피조물의 실체를 깨닫고 누리므로 교회가 강력한 그리스도의 몸으로 무장되는 날을 바라며...

2008년 2월 27일

최 순 애

제 1 장

그리스도인이
기도하는 이유

그리스도인은 누구나 기도를 합니다. 그리스도인에게 기도는 호흡과 같습니다. 그러므로 그리스도인은 하나님의 말씀에 따라 하나님이 원하시는 기도, 응답 받을 수 있는 기도를 할 수 있어야 합니다. 이 책은 성경에 입각하여 기도에 대한 올바른 인식을 갖게 하며, 체험을 통해 얻은 효과적인 기도의 방법을 제시합니다.

많은 그리스도인들이 기도에 대한 잘못된 생각과 습관을 가지고 있습니다. 그리스도인이 되기 전에 우상을 섬기는 종교생활을 한 적이 있거나, 그런 종교생활을 하는 사람들의 기도생활을 보면서 기도에 대해 잘못된 생각을 가질 수 있습니다. 또, 열심히 신앙생활을 하지만 잘못된 기도의 습관을 가진 그리스도인들을 통해 그런 기도의 습관을 배울 수 있습니다.

이방신을 믿는 사람들이나 잘못된 기도의 습관을 가진 사람들은 기도를 통해 신의 마음을 바꾸려고 합니다. 즉, 기도로 신의 마음을 변하게 해서 자신이 원하는 것을 받으려고 합니다. 그러나 그리스도인은 결코 그런 자세로 하나님께 다가가지 않아야 합니다. 만일 당신도 그렇다면, 지금부터 이 책을 읽으면서 기도에 대한 인식과 습관을 바꾸어야 합니다.

또, 기도란 하나님으로부터 무엇인가를 받기 위해 하는 것으로 생각하는 사람들도 있는데, 그것은 여러 가지 기도의 목적 중 하나에 지나지 않습니다.

기도는 크게 두 가지로 구분할 수 있습니다. 소극적 접근방법의 기도와 적극적 접근방법의 기도가 있습니다. 여기서 접근방법이란 태도나 방식으로 생각하면 됩니다.

소극적 접근방법의 기도는 이미 잘못된 문제를 해결하려고 하는 기도입니다. 하나님께 문제를 해결해 달라고 하는 기도입니다. 예를 들면 어떤 실수를 해놓고 하나님께서 해결해 달라고 기도합니다. 이런 기도도 우리의 삶에 필요하지만, 만일 이런 기도만 한다면 평생 문제 해결을 위해서만 기도하게 될 것입니다. 자신을 변화시키는데 소극적인 사람은 문제가 생긴 후에 그 문제를 해결하는 소극적인 기도를 많이 하게 됩니다.

적극적 접근방법의 기도는 하나님을 경배하고 말씀을 고백하여 자신을 변화시키려고 하는 기도입니다. 그리스도인이 많은 비중을 두고 해야 할 기도는 적극적 접근방법의 기도입니다. 자신을 바꾸는데 적극적인 사람은 자신의 잘못으로 인해 일으킬 수 있는 많은 문제들을 예방하게 됩니다. 이러한 기도는 영적 성장을 도와주므로 성령 인도를 잘 받게 되며 결과적으로 많은 문제를 예방하며 매사에 형통하는 삶을 살게 해줍니다.

거듭난 자의 기도는 하나님을 변화시키려는 것이 아니라,

자신이 변하려고 하는 것임을 절대 잊지 말아야 합니다. 이점을 이해했어도 기도만 하면 예전의 방식대로 돌아가는 그리스도인들이 많습니다. 머리로는 이해를 했지만 기도의 체질이 바뀌지 않아서 그렇습니다. 그래서 우리는 항상 이점을 생각하면서 기도의 체질을 바꿔나가야 합니다.

왜 기도하는가?

많은 그리스도인들은 하나님이 스스로 알아서 우리를 인도하시고, 축복하신다고 생각합니다. 그건 사실이 아닙니다. 당신의 인생의 운전대는 당신이 잡고 있습니다. 우리는 가만히 있고 하나님이 운전하시는 것이 아닙니다. 다만, 우리 안에 계신 성령님이 우리 각자가 운전하는 차의 조수석에 앉아서 도우시는 것처럼 우리를 인도하십니다. (저자의 저서 「믿음의 반석」 중 '인도의 확신' 참조)

성령님은 우리를 도우시는 분이지 우리를 주관하시는 분이 아닙니다. 우리가 먼저 발걸음을 내딛을 때 성령님이 도와주실 수 있으며, 그 분의 인도를 따라갈 때 축복을 받을 수 있습니다. 하나님은 우리에게 엄청난 축복을 주셨지만, 그 축복은 기도라는 도구를 사용해야 얻을 수 있습니다.

감리교의 창시자인 요한 웨슬리(John Wesley)는 "하나님은 우리가 기도하지 않으면 마치 아무 것도 하실 수 없는 분처럼 보인다."라고 했습니다. 요한 웨슬리는 매일 새벽 4시에 일어나서 기도를 했습니다. 요한 웨슬리의 말은 하나님은 우리가 기도를 해야만 역사하실 수 있음을 가르쳐줍니다.

하나님은 이 세상 만물을 창조하시고 아담과 하와를 지으신 후 세상을 다스리게 하셨습니다. 즉, 하나님은 이 세상의 주권을 아담에게 넘겨주셨습니다. 그래서 이 세상의 주권은 더 이상 하나님께 있지 않게 되었습니다. 아담이 사단의 꼬임에 넘어가 범죄 하기 전까지 이 세상의 사실상 임금은 아담이었습니다. 아담은 이 세상의 모든 권세를 가지고 있었습니다. 그러나 선악과 사건 이후로 아담의 권세는 사단에게 넘어갔습니다. 사단은 이 세상의 임금이 되었고, 아담 이후의 인간들은 죄인의 본성을 가지고 태어나 사단에게 종노릇하게 되었습니다.

하나님은 아들을 육신으로 세상에 보내어 이 문제를 해결해주셨습니다. 예수님은 동정녀 마리아에게 성령으로 말미암아 잉태되었기 때문에 죄인의 본성을 가지고 있지 않았습니다. 곧, 사단을 이길 수 있는 최초의 인간이 되었습니다. 예수님은 모든 인간의 죄를 십자가에서 대신 지심으로써 아담으로부터 비롯된 죄의 문제를 완전하게 해결하셨습니다.

예수님은 십자가에서 죽으시고 부활하심으로써 사단을 무장해제 시키고, 아담이 받았던 권세를 하나님께 다시 돌려드렸습니다. 그래서 하나님은 그 권세를 예수 이름 위에 주셨고, 예수님은 그 권세를 우리에게 주셨습니다. 따라서 우리는 예수 이름의 권세를 가지고 있으며, 이 권세를 행사하는 방법은 기도입니다. 기도로 말미암아 우리는 하나님의 권세를 누리며 살 수 있습니다. 이것이 그리스도인이 기도를 하는 근본적인 이유입니다.

다음은 우리가 기도를 하는 구체적인 이유들입니다.

기도는 하나님이 우리에게 명하신 것이다

성경은 "너희는 항상 기도하라"(살전 5:17)고 명합니다. 기도는 하나님이 명하신 것입니다.

기도는 하나님이 약속하신 것을 얻는 방법이다

하나님은 그리스도 예수 안에서 어마어마한 약속을 주셨으며, 그것은 기도를 함으로써 얻게 됩니다. 기도는 하나님이 약속하신 것을 얻는 방법입니다.

기도는 그리스도인들의 기쁨을 충만케 한다

요 16:24
지금까지는 너희가 내 이름으로 아무 것도 구하지 아니하였으나 구하라 그리하면 받으리니 너희 기쁨이 충만하리라

예수님은 자신의 이름으로 구하라고 하셨고, 구하면 기쁨

이 충만하게 된다고 말씀하셨습니다. 그리스도인의 기쁨은 결국 하나님이 자신과 함께 하신다는 것에 근원이 있는데, 자신이 하나님과 함께한다는 것은 기도 응답으로 말미암아 체험할 수 있습니다.

그리스도인들은 기도 응답을 받음으로써 기쁨이 충만해집니다. 성도의 기쁨은 기도 응답을 받을 때 나타납니다. 하나님의 증거가 있는 사람에게 기쁨이 충만한 것은 당연합니다. 그리고 증거가 많은 사람이 불신자들에게 나아갈 때 더욱 밝은 빛을 발합니다.

스미스 위글스워스(Smith Wigglesworth) 목사님에 대한 일화를 한 가지를 소개하겠습니다.

스미스 위글스워스 목사님은 하나님께 쓰임을 받기 이전부터 믿음의 사람이었습니다. 그가 하수도나 수도관을 고치는 연관공이었고, 설교자인 부인으로부터 글을 배워서 성경을 읽었습니다. 그가 연관공 시절에 부잣집에서 일을 할 때, 그 부자 주인이 "나는 부자지만 기쁨이 없는데, 당신은 무엇 때문에 얼굴에 기쁨이 넘칩니까?"라고 물었습니다. 그러자 그는 "나는 오늘 아침에 문제가 있었지만 주님께서 해결해주셨습니다. 그래서 나는 기쁠 수밖에 없습니다."라고 답변했습니다. 그는 하나님을 증거 하는 삶을 살았습니다. 그는 삶 가운데 항상 기도하였고, 또 항상 응답을 받았습니다. 위글스워스 목사님은 주님의 인도를 받고, 주님을 통해 문제를 해결 받음으로써 기쁨이 충만하였고 얼굴에 빛을 발하고 살 수 있었습니다.

기도는 불신앙의 논쟁을 그치게 하는 강력한 도구다

불신자들은 믿음에 대해 부정적인 말과 논쟁을 많이 하지만, 응답받은 증거에 대해서는 할 말이 없습니다. 우리가 기도 응답을 많이 받게 되면 하나님의 능력에 대한 증인이 되며 불신자들의 논쟁을 그치게 합니다.

나의 둘째 언니는 전도사입니다. 언니는 불교 집안에 시집을 가서 불교 신자가 되었는데, 시댁에 세든 사람을 통해 예수를 믿게 되었습니다. 그러나 시댁이 불교에 깊이 빠진 집안이라 마음 놓고 교회에 갈 수 없었습니다. 형부는 독자인데 그 어머니는 아이를 갖지 못할 때 불공을 드려서 형부를 임신했다고 믿고 있었습니다.

형부는 집안에 성경이 보이면 매우 싫어했습니다. 언니는 예수를 믿고 성령체험을 한 뒤 시댁 식구들 몰래 신앙생활을 했습니다. 주일에는 교회에 가지 못해 주중에 꽃꽂이를 배운다고 하고서 가까운 기도원에 갔었습니다. 자식들도 어른들 몰래 교회에 보냈습니다.

그런 신앙생활을 하면서도, 언니는 기도 응답을 받으며 살았습니다. 형부에게 중요한 일이 있을 때마다 언니는 응답받은 이야기를 해주었습니다. 예를 들어 승진 때가 되어서 형부가 조급해 할 때, 기도해서 응답을 받았다고 하면 싫어하니까, "걱정 마세요. 내년 복숭아꽃이 필 때 쯤 되면 승진할 거예요."라고 말해주었습니다. 형부는 그런 이야기를 하는 언니를 이상하게 생각했지만 지나놓고 보면 그대로 되는 것을 여러 번 겪으면서 마침내 예수를 믿게 되었습니다. 성경을 보기만 해도 싫어했던 사람이 지금은 장로님이 되어 있습니다.

이와 같이 기도 응답을 통해 보여주는 증거는 불신자들의 논쟁을 그치게 합니다. 예수를 믿는 사람은 자녀나 가족이 예수를 믿지 않는다고 걱정할 필요가 없습니다. 시간이 흐르면 증거를 갖게 되므로, 예수 믿는 사람과 가까이 있는 사람들은 증거를 보고 믿게 됩니다. 기도 응답은 불신자들에게 강력한 증거가 되는 능력입니다.

기도는 성령의 권능을 얻는 방법이다

우리는 기도함으로 말미암아 우리의 연약함을 극복할 수 있습니다. 기도하는 동안에 성령님께서 우리의 속사람을 강건케 하시기 때문입니다.

예수 이름의 권세

기도를 어떻게 해야 하는지에 대해서 주기도문과 같이 해야 한다거나 성막 형식으로 해야 한다는 등 여러 가지 주장이 있습니다. 그렇지만 기도를 어떻게 하든지 모든 기도의 기본은 다음 두 가지입니다. 하나는 하나님 아버지께 예수님의 이름으로 기도하는 것이며. 또 하나는 믿음으로 기도하는 것입니다. 즉, 기도의 필수요소는 '예수 이름의 권세' 와 '믿음' 입니다.

기도는 반드시 믿음이 동반되어야 합니다. "믿음이 없이는 하나님을 기쁘시게 할 수 없나니 하나님께 나아가는 자는 반드시 그가 계신 것과 그를 찾는 자에게 상주시는 자이심을 믿어야 한다"(히 11:6)고 성경을 말합니다. 믿음이 없는 기도는 그리스도인의 기도가 아닙니다.

이방 신을 믿는 종교적인 기도는 그들의 신에게 잘 보여서 무엇인가를 얻으려고 열심과 지성을 바쳐 기도하지만, 그리스도인의 기도는 하나님을 변화시키는 것이 아니라 자신이 기도 응답을 받을 수 있는 자리로 들어가는 것입니다. 기도 응답을 받을 수 있는 자리로 들어가기 위해서는 반드시 믿음이 필요합니다. 이 믿음에 대해서는 이 책의 전반을 통해서 언급됩니다.

또, 기도의 기본은 하나님 아버지께 예수 이름으로 기도하는 것입니다. 성경은 분명히 하나님 아버지께 예수 이름으로 기도하라고 가르칩니다. 다만, 경배를 하거나 주님께 사랑을 고백하는 기도는 예수님이나 성령님께도 할 수 있습니다.

예수님은 우리에게 그의 이름을 사용할 권리를 주셨습니다. 따라서 예수 이름의 권세는 이미 우리에게 주어졌습니다. 하나님은 예수 그리스도를 통해 사단을 무장해제 시키셨습니다. 그러나 사단은 아직도 이 세상에서 임금의 권세가 있는 것처럼 우리를 속이려고 합니다. 그러나 하나님은 사단의 간사한 꾀에 대적할 수 있는 권세를 우리에게 주셨습니다. 권세는 예수님께 있었던 것인데, 예수님은 그 권세를 우리가 사용할 수 있도록 하셨습니다. 마치 부자 아버지가 자녀에게 신용카드를 줘서 마음껏 쓸 수 있도록 한 것과 같습니다.

또, 기도는 열쇠와 같습니다. 우리가 자동차의 열쇠를 가지고 있으면 그 차를 열고 들어가서 운전을 할 수 있습니다. 권세는 받고도 사용하지 않으면 아무 소용이 없습니다. 똑같은 권세를 받았어도 사용하는 사람과 그렇지 않은 사람 사이에는 큰 차이가 있습니다. 우리는 그 권세를 예수 이름으로 사용할 수 있습니다.

요 16:24
지금까지는 너희가 내 이름으로 아무 것도 구하지 아니하였으나 구하라 그리하면 받으리니 너희 기쁨이 충만하리라

엡 3:14
이러므로 내가 하늘과 땅에 있는 각 족속에게 이름을 주신 아버지 앞에 무릎을 꿇고 비노니

엡 5:20
범사에 우리 주 예수 그리스도의 이름으로 항상 아버지 하나님께 감사하며

예수 이름을 통해 천국의 모든 권세가 우리에게 주어졌습니다. 마치 내 손과 발을 내 마음대로 쓸 수 있듯이 예수 이름으로 말미암아 모든 권세가 우리에게 주어졌습니다. 예수 이름은 우리에게 주어진 모든 권세를 행사할 수 있는 열쇠입니다. 그 이름을 사용하는 자는 귀신을 쫓아내며, 새 방언을 말하며, 병든 자에게 손을 얹어 낫게 할 수 있습니다(막 16:17).

권세가 자기의 것임을 아는 사람만이 그 권세를 누릴 수 있습니다. 그 열쇠를 사용하는 사람은 바로 당신입니다. 당신에게 보화창고의 열쇠가 있어도 사용하지 않으면 아무 유익도 얻을 수 없습니다. 그 열쇠를 마음껏 쓸 수 있다는 믿음이 있어야 열쇠로 인한 유익을 얻을 수 있습니다. 하나님께서 예수 이름으로 주신 권세를 믿고 사용할 때 천국의 권세가 당신의 것이 됩니다.

제 2 장

기도의 종류

엡 6:18
모든 기도와 간구를 하되 항상 성령 안에서 기도하고 이를 위
하여 깨어 구하기를 항상 힘쓰며 여러 성도를 위하여 구하라

에베소서에서 말하는 모든 기도는 여러 종류의 기도들을 의미합니다. 또, 간구가 있다고 말합니다. 간구는 우리의 필요를 간절히 구하는 것입니다. 이 장에서는 성경에 있는 열한 가지의 기도를 소개합니다. 각각의 기도는 서로 다른 원리를 가지고 있습니다. 그러나 모든 기도는 공통적으로 성령의 인도를 받아 하는 것이 가장 중요합니다.

지금부터 나누는 이야기는 기도는 꼭 이렇게 해야 한다거나, 어떤 종류의 기도만 하라는 것이 아니라, 어떻게 기도하는 것이 성경적인지를 알기 위한 것입니다. 또, 이 장에서 다루는 기도의 종류가 열한 가지인데, 한 번에 꼭 한가지씩만 기도를 하라는 것은 아닙니다. 예를 들어 오늘 금식을 하면서 기도를 한다면 열한 가지의 기도를 모두 다 할 수 있습니다.

1장에서 언급했듯이 다음 열한 가지의 기도 중에는 문제를 해결하기 위한 소극적 접근방법의 기도와 자신을 변화시키기 위해 하는 적극적 접근방법의 기도가 있습니다.

1. 경배기도
하나님의 임재가 나타나게 하는 기도

경배기도는 적극적 접근방법의 기도로 하나님을 높이고, 그리스도 안에 있는 것을 기뻐하며, 하나님에 대한 사랑을 고백하는 기도입니다. 경배기도를 할 때는 마음을 담아서 기도하는 것이 가장 중요합니다. 경배기도를 할 때 하나님의 임재가 가장 많이 나타납니다. 찬양하고 할렐루야를 외치면서 경배기도를 하지만 마음이 다른 곳에 있으면 올바른 경배기도가 되지 못합니다. 경배기도는 자신의 온 마음을 담아서 기도를 해야 하며, 이렇게 할 때 하나님의 임재가 나타납니다.

똑같은 찬양을 하더라도 영적으로는 구분됩니다. 진심으로 경배를 하면서 찬양을 하는 사람도 있지만, 입으로는 찬양을 하지만 머릿속으로는 딴 생각을 하는 사람도 있습니다. 두 사람 모두 겉보기에는 똑같이 찬양을 하고 있지만, 하나님은 기도하는 사람과 기도하지 않는 사람을 구분하실 것입니다.

이처럼 경배기도는 마음을 담아서 해야 합니다. 즉, 자신의 감정과 의지를 넣어야 합니다. 우리가 의지를 발동해서 기도를 하면 우리의 영이 함께 움직이게 됩니다. 우리가 다른 생각을 하면서 기도를 하면 영은 움직이지 않는 기도가 될 수 있습니다. 마음을 담은 기도를 할 때에 하나님의 임재가 나타납니다.

행 13:1-4
안디옥 교회에 선지자들과 교사들이 있으니 곧 바나바와 니게르라 하는 시므온과 구레네 사람 루기오와 분봉 왕 헤롯의 젖동생 마나엔과 및 사울이라 주를 섬겨 금식할 때에 성령이 이르시되 내가 불러 시키는 일을 위하여 바나바와 사울을 따로 세우라 하시니 이에 금식하며 기도하고 두 사람에게 안수하여 보내니라 두 사람이 성령의 보내심을 받아 실루기아에 내려가 거기서 배 타고 구브로에 가서

여기에서 '주를 섬겨'라는 말이 있는데, 주를 섬긴다는 단어는 '경배(worship)'라는 뜻입니다. 본문의 이야기는 주님께 경배기도를 하면서 금식을 했고, 이때 주의 음성을 듣게 되었다는 것입니다. 우리가 경배를 할 때 하나님의 임재가 나타나게 됩니다. 그래서 하나님의 임재를 체험하기 원한다면 경배기도를 많이 해야 합니다.

행 16:25-26
한밤중에 바울과 실라가 기도하고 하나님을 찬송하매 죄수들이 듣더라 이에 갑자기 큰 지진이 나서 옥 터가 움직이고 문이 곧 다 열리며 모든 사람의 매인 것이 다 벗어진지라

바울과 실라가 감옥에 있으면서 하나님께 큰 소리로 찬양하고 경배하자 지진이 일어나고 옥 터가 움직이는 등 초자연적인 역사가 일어났습니다.

눅 24:52-53
그들이 그에게 경배하고 큰 기쁨으로 예루살렘에 돌아가 늘 성전에서 하나님을 찬송하니라

누가복음 24장은 제자들이 예수님이 부활하신 후 승천하시는 것을 보고 하나님께 경배한 내용입니다. 이처럼 경배기도는 마음을 담아 하나님을 높이고 찬양하는 기도이며, 하나님의 임재가 가장 많이 나타날 수 있는 기도입니다.

2. 방언기도
거듭난 영을 강화시키는 기도

방언기도는 거듭난 영을 강화시키는 기도입니다. 방언기도는 우리의 영이 하나님께 비밀을 말하는 기도로, 우리의 영이 더 많은 계시를 받게 하며, 영을 강건케 하는 기도입니다.

우리의 신앙생활은 영(spirit, 속사람)과 혼(soul, 지성이나 감성의 영역)과 육(body, 몸)이 모두 강화될 때 잘 될 수 있습니다.

영만 강화되고 혼의 영역에서는 하나님의 말씀을 너무 모른다면 마귀가 주는 거짓말에 속아 많은 좋은 것들을 놓치게 될 것입니다. 한편, 말씀은 잘 아는데 기도가 부족하거나, 말씀도 많이 알고 기도도 열심히 하는데 너무 육신적으로 사는 사람은

능력 있는 그리스도인의 삶을 살 수 없습니다.

우리가 신앙생활을 잘 하기 위해서는 이 세 가지 영역을 모두 함께 강화시켜야 합니다. 당신이 이 책에서 다루는 여러 가지 기도를 적절히 한다면, 당신의 영과 혼과 육을 강화시키는데 크게 도움이 되리라고 확신합니다.

여러 가지 기도 중에 방언기도는 특별히 당신의 영을 강화시켜 줍니다.

고전 14:2
방언을 말하는 자는 사람에게 하지 아니하고 하나님께 하나니 이는 알아듣는 자가 없고 영으로 비밀을 말함이라

고전 14:4
방언을 말하는 자는 자기의 덕을 세우고 예언하는 자는 교회의 덕을 세우나니

방언으로 기도하면 무엇을 기도하는지 모르므로 답답할 수 있습니다. 그러나 방언기도의 묘미는 기도의 내용을 모르는데 있습니다. 내용을 모르기 때문에 기도한대로 응답받을 수 있습니다. 보통 말로 하는 기도는 기도를 하고나서 응답받을지 의심할 수 있습니다. 기도는 믿음으로 해야 응답받는 것인데, 의심은 기도를 무효화시키게 됩니다. 그러나 방언기도는 무슨 기도를 했는지 모르므로 의심할 수가 없으므로 기도의 능력이 나타나게 됩니다.

어떤 여신도가 예고 없이 남편, 딸과 함께 우리 교회를 찾아온 적이 있었습니다. 그녀의 남편은 5년 전에 성령을 체험하기는 했는데 방언을 하지 못해서 방언을 하려고 왔고, 열두 살 된 딸은 발육에 문제가 있고 밤에는 무서워서 잠을 잘 자지 못하는데 방언기도를 하면 도움이 될 것 같아서 찾아왔다고 했습니다.

그녀의 딸은 교회에는 나가지만 아직 예수님을 영접하지 않았습니다. 그래서 딸은 영접을 한 다음, 성령세례를 받고 방언을 했습니다. 그녀의 남편은 성령세례를 받고 방언을 하자 "지금 한 것이 방언이 맞습니까?"하고 물었습니다. 그는 방언을 할 때 머리에서는 다른 생각이 드니까 방언이 아니라고 생각했습니다. 그래서 방언에 대해 설명을 해주자 기뻐하며 돌아갔습니다.

사람들은 방언기도가 능력 있는 기도인데도, 내용을 잘 모를 뿐만 아니라 기도 응답도 확인할 수 없으므로 잘하지 않습니다. 그러나 방언기도는 내용은 모를지라도 영으로는 가장 완벽한 기도를 하고 있음을 믿고 해야 합니다. 성경이 그렇게 말하므로 믿음을 가지고 한 시간 방언기도를 하면 한 시간만큼 영이 강화된다고 믿으면서 방언기도를 해야 합니다. 방언기도를 계속 하면 자신의 영이 강화되고 있음을 스스로 알게 됩니다.

3. 말씀고백기도
마음을 새롭게 하는 기도

말씀고백기도는 말씀으로 마음을 새롭게 하는 기도입니다. 즉, 우리의 혼적인 영역을 하나님의 말씀과 동화시키는 기도입니다. 말씀고백기도는 우리의 잘못된 생각을 하나님의 말씀으로 바꾸어 하나님의 말씀대로 생각하게 합니다. 하나님의 말씀을 계속 고백함으로써 그 말씀에서 계시가 일어나게 되면, 그 말씀을 믿으려고 애쓰는 사람이 아니라 믿는 사람이 됩니다.

대부분의 그리스도인들에게 말씀고백기도가 절대적으로 부족합니다. 경배기도, 방언기도, 말씀고백기도와 같은 적극적 접근방법의 기도로 하나님께 나아가야 하는데, 대부분의 그리스도인들은 이와 같은 적극적 접근방법의 기도가 부족합니다. 많은 그리스도인들은 기도란 문제를 해결하거나, 필요를 채우기 위해 하는 것으로 잘 못 이해하고 있습니다.

적극적 접근방법의 기도는 우리에게 닥칠 수 있는 문제를 사전에 예방해 줍니다. 말씀고백기도를 지속적으로 하면, 말과 생각, 그리고 행동이 바뀌게 되어 매사에 지혜로운 결정을 할 수 있게 됩니다. 또, 환경에 올바로 반응함으로써 하는 일마다 형통하게 된다고 성경을 말하고 있습니다(시 1:1-3).

4. 금식기도
육신보다 거듭난 영을 강화하여
내 영이 나를 주장하도록 하는 기도

금식기도는 우리가 하나님께 더 가까이 가고자 할 때, 음식을 금하고 하나님께 나아가는 기도입니다. 사람은 영과 혼과 육으로 되어 있습니다.[1]

그런데 우리의 지성, 감성, 의지의 영역인 혼이 영과 육 사이에서 어느 편에 서는가에 따라서 우리의 신앙생활은 달라집니다. 특히, 육은 항상 목소리를 크게 냅니다. 그래서 육을 제어해야 속사람인 영에게 힘을 실어줄 수 있게 됩니다. 따라서 우리는 육을 제어하고 영을 강화시키기 위해 금식기도를 합니다.

사람들은 금식기도를 한다고 하면 흔히 율법적이 되는 경향이 있습니다. 말씀고백기도 등 적극적 접근방법의 기도를 하다가 금식기도를 하면 다시 하나님께 무엇인가를 달라고 매달리는 기도를 합니다. 그렇지만 금식기도는 근본적으로 하나님께 매달려 간구하려고 하는 기도가 아닙니다. 금식기도를 한다고 해서 하나님이 간구를 들어주시지 않습니다. 금식기도는 육신을 제어함으로써 더욱 영적이 사람이 되게 하

---

1) 케네스 해긴(Kenneth E. Hagin) 著 「인간의 세 가지 본성(The Threefold nature of Man)」 (2000년, 믿음의 출판사) 참조.

며, 이로 말미암아 기도 응답을 받을 수 있는 자리로 들어가게 해줍니다.

마 9:15
예수께서 그들에게 이르시되 혼인집 손님들이 신랑과 함께 있을 동안에 슬퍼할 수 있느냐 그러나 신랑을 빼앗길 날이 이르리니 그 때에는 금식할 것이니라

제자들이 금식하지 않은 것에 대해 바리세인들이 지적하자 예수님은 이와 같이 대답하셨습니다. 예수님이 이 땅에 계시는 동안에는 제자들은 금식을 할 필요가 없었습니다. 예수님은 열두 제자를 내보낼 때나 칠십 인을 내보낼 때 그들에게 권능을 주셨습니다. 예수님이 이렇게 말씀하신 것은 제자들이 권능을 받았고, 이 권능으로 일할 수 있으므로 금식하지 않아도 된다는 뜻입니다. 그러나 예수님이 부활 승천하신 후에는 스스로 영적인 삶을 살아야 하므로 그때는 금식하게 될 것이라고 말씀하셨습니다.

오늘날 금식을 하는 이유는 우리가 스스로 영적인 삶을 살려고 하기 때문입니다. 우리가 신앙생활을 하면서 뭔가 하나님과 멀어졌다고 느껴질 때, 예를 들어 말씀만 들으면 은혜를 받다가 그렇지 못할 때, 이때가 바로 금식기도를 할 때입니다. 육신을 제어하면 영이 강화되기 때문입니다.

거듭난 그리스도인에게는 하나님의 성령이 부어져있고, 영이 거듭나 있기 때문에 하나님에 대한 갈급함이 있습니다.

그 갈급함이 나타나지 않는 원인이 육신에 가려져 있기 때문이라면, 육신이 약해질 때 그 갈급함은 다시 나타나게 됩니다. 이유는 뭔지 모르겠지만, 하나님과 멀어져 있다고 느낀다면 그때가 바로 금식을 할 때입니다.

> 느 1:4
> 내가 이 말을 듣고 앉아서 울고 수일 동안 슬퍼하며 하늘의 하나님 앞에 금식하며 기도하여

느헤미야 선지자는 예루살렘 성이 황폐해지고 무너지는 소리를 듣고 마음이 너무 아파서 하나님께 금식하며 기도했습니다. 구약시대와 신약시대의 금식은 서로 다릅니다. 구약시대는 율법시대였기 때문에 하나님께 조아려서 온전하게 보이기 위해 금식을 했습니다. 그러나 신약시대의 금식은 다릅니다.

> 행 9:8-9
> 사울이 땅에서 일어나 눈은 떴으나 아무 것도 보지 못하고 사람의 손에 끌려 다메섹으로 들어가서 사흘 동안 보지 못하고 먹지도 마시지도 아니하니라

> 행 13:2
> 주를 섬겨 금식할 때에 성령이 이르시되 내가 불러 시키는 일을 위하여 바나바와 사울을 따로 세우라 하시니

사도행전에서는 금식을 하다가 하나님의 음성을 듣게 된 경우를 볼 수 있습니다. 금식기도를 하면 육신보다 영이 강화되어 영의 음성을 들을 수도 있고, 하나님께 더욱 가까이 갈 수 있게 됩니다.

5. 믿음의 기도
믿음을 발휘하기 위한 기도

막 11:24
그러므로 내가 너희에게 말하노니 무엇이든지 기도하고 구하는 것은 받은 줄로 믿으라 그리하면 너희에게 그대로 되리라

하나님께 하는 모든 기도는 믿음으로 해야 합니다. 그러나 여기서 말하는 믿음의 기도는 이미 우리에게 주어진 것을 믿음으로 찾아 누리기 위한 기도입니다. 이 기도는 반드시 하나님의 뜻 곧, 말씀을 바탕에 두어야 합니다. 하나님의 뜻이 아니면 믿음의 기도는 할 수 없습니다. 믿음은 들음에서 나며, 들음은 말씀에 기초하기 때문에 하나님의 말씀에 없는 것은 믿음을 발휘할 수가 없습니다.

믿음의 기도를 할 때는 '만일'이라는 단어를 사용하지 말아야 하며, 믿음으로 한 번에 기도하고 끝내야 합니다. 한번 기도한 후에는 절대 그것을 다시 기도하지 말라는 뜻이 아니고, 한번 기도하고 끝낼 수 있도록 믿음을 발휘해야 합니다. 믿음

으로 기도한 것을 다시 기도한다는 것은 곧 불신앙으로 기도했음을 입증하기 때문입니다.

따라서 믿음의 기도는 하려면, 같은 기도를 여러 번 되풀이 하는데 시간을 보낼 것이 아니라, 먼저 말씀을 묵상하는데 비중을 두고 시간을 보내야 합니다. 기도와 관련된 하나님의 말씀을 읽고 그것을 계속 반복하여 고백함으로써 자신이 그 말씀에 완전히 설득되어진 다음, 하나님께 한 번의 기도로 끝냅니다. 치유를 위한 기도나 부요에 대한 기도를 할 때는 이와 같은 믿음의 기도가 필요합니다.

믿음의 기도는 그리스도인에게 주어진 온갖 축복을 받게 하는 기도입니다. 하나님은 우리가 믿음 안에서 성장하기를 원하십니다. 그래서 초신자일 때는 다른 사람의 믿음의 기도를 통해서도 응답해주시지만, 믿음이 성장하여 스스로 믿음을 발휘할 수 있기를 원하십니다. 예를 들어, 초신자 때는 셀리더 등 다른 사람의 도움을 통해 병이 낫는 등 기도 응답을 받지만, 이미 말씀을 접한 성도는 자신의 믿음을 바탕으로 기도 응답을 받아야 합니다.

1947년, 미국에서는 엄청난 치유의 부흥이 있었습니다. 그때는 강단에서 기도했는데 병이 낫지 않으면 오히려 이상할 정도였다고 합니다. 그런데 시간이 지나면서 신유부흥사들이 특이한 점을 발견하게 되었습니다. 그들이 정통 교단, 즉 침례교 등 성령세례나 성령의 은사에 대한 가르침이 부족한 교회에 가면 그런 역사가 많이 일어나는데, 성령의 역사를 평소에 많이 경험하는 순복음 계통의 집회에 가면 치유의 역사가 잘 일어나지 않았습니다. 신유부흥사들은 이를 이상하게 생각했습니다.

그래서 당시 신유부흥사 중 가장 유명했던 오랄 로버츠(Oral Roberts) 목사는 자신이 손을 얹고 기도한 사람들에게 설문조사를 했습니다. 조사에 답한 사람은 약 6천 명이었는데, 질문은 "당신은 지난번 집회 때 병이 나았습니까?" "나았다면, 6주 후인 지금까지 치유가 유지되고 있습니까?" "당신은 어느 교단에 속해 있습니까?"라는 질문이었습니다. 조사 결과는 6천 명 중에서 순복음 계통에 속한 사람들 중에 오랄 로버츠 목사의 손을 얹음으로써 나은 사람들은 30% 밖에 되지 않았고, 정통 교단에 속한 사람들은 70%에 달했습니다.

정통 교단에 속한 사람들은 치유의 약속에 대해 들어본 사람이 거의 없었기 때문에, 하나님은 치유의 은사와 믿음이 있는 사람들의 손을 통해 그들을 고칠 수밖에 없었습니다. 그러나 치유의 말씀을 이미 들어 알고 있는 사람들에 대해서 하나님은 그들 스스로의 믿음을 발휘하기 원하셨던 것입니다.

우리 교회의 경우도 집회를 하면 외부에서 온 사람들에게 치유의 역사가 더 많이 일어나는 현상을 볼 수 있습니다. 우리 교회의 성도들은 믿는 자의 권세에 대해 알고 있어서 자신들의 믿음으로 스스로 치유할 수 있는 능력을 가지고 있기 때문에 하나님은 각자의 믿음으로 치유하기를 원하신다고 믿습니다.

6. 헌신기도(성별기도)
하나님의 온전한 뜻에 자신을 내려놓는 기도

헌신기도는 하나님 앞에 자신을 내려놓고 헌신하며, 하나님의 온전한 뜻에 따라 자신을 거룩하게 구별하는 기도입니다. 헌신기도에서는 하나님의 인도를 바라며 '만일 하나님이 원하신다면', 혹은 '만일 하나님의 뜻이라면' 라는 문구를 사용할 수 있습니다. 이러한 문구는 헌신기도에서만 적합합니다. 헌신기도의 모범은 예수님이 겟세마네에서 하신 기도입니다.

> 눅 22:42
> 이르시되 아버지여 만일 아버지의 뜻이거든 이 잔을 내게서 옮기시옵소서 그러나 내 원대로 마시옵고 아버지의 원대로 되기를 원하나이다 하시니

예수님은 육신적으로 그 잔을 받고 싶지 않으셨지만, 만일 아버지의 뜻이라면 받겠다고 기도했습니다. '만일' 이라는 표현을 믿음의 기도에서 한다면 적절하지 못합니다. 예를 들어 '만일 저의 병이 낫는 것이 하나님의 뜻이라면' 과 같은 기도는 믿음의 기도라고 할 수 없기 때문입니다. 하나님의 뜻은 분명히 자녀가 낫기를 바라시므로 이런 경우는 여쭤볼 필요가 없습니다. 그러나 헌신하는 기도에서는 '만일 아버지께서 원하신다면 이것은 내려놓겠습니다. 저것은 하겠습니다' 라고 기도할 수 있습니다.

7. 맡기는 기도
우리의 짐을 하나님께 맡기는 기도

맡기는 기도는 우리에게 고난과 역경의 바람이 불 때, 초조하고 걱정하는 대신 하나님이 가르치시는 대로 우리의 짐을 하나님께 맡기는 기도입니다. 즉, 염려나 걱정을 하나님께 맡기는 기도입니다.

벧전 5:7
너희 염려를 다 주께 맡기라 이는 그가 너희를 돌보심이라

시 37:5
네 길을 여호와께 맡기라 그를 의지하면 그가 이루시고

마 6:25-27
그러므로 내가 너희에게 이르노니 목숨을 위하여 무엇을 먹을까 무엇을 마실까 몸을 위하여 무엇을 입을까 염려하지 말라 목숨이 음식보다 중하지 아니하며 몸이 의복보다 중하지 아니하냐 공중의 새를 보라 심지도 않고 거두지도 않고 창고에 모아들이지도 아니하되 너희 하늘 아버지께서 기르시나니 너희는 이것들보다 귀하지 아니하냐 너희 중에 누가 염려함으로 그 키를 한 자라도 더할 수 있겠느냐

빌 4:6
아무 것도 염려하지 말고 다만 모든 일에 기도와 간구로, 너희 구할 것을 감사함으로 하나님께 아뢰라

맡기는 기도를 했으면, 더 이상 염려를 하지 말아야 합니다. 근심과 염려는 기도를 무효화합니다. 하나님께 모든 염려와 짐을 맡기고 다시는 되찾아오지 말아야 합니다. 하나님께 맡기는 기도를 하고나서 다시 걱정을 한다면 문제를 하나님께 맡겼다고 볼 수 없습니다. 하나님께 맡기는 기도를 했다면, 문제는 하나님께 맡겨졌고 내게는 더 이상 없으므로 다시 염려를 가져오지 말아야 합니다. 염려는 하나님의 능력과 약속에 대해 의심이 있고 믿음이 없기 때문에 생깁니다. 염려가 있으면 기도생활이 잘되지 않을 뿐만 아니라, 성령 충만함을 받지 못합니다.

  나에게는 이와 같이 맡기는 기도에 대해 가르쳐주는 사람이 없었습니다. 그래서 어려움을 겪을 때 예배당에서 하나님께 기도를 하는 동안에는 마음이 평안했어도 예배당 밖으로 나가기만 하면 하나님께 맡겼던 염려를 다시 찾아오곤 했습니다. 그러한 경험들로 말미암아 염려를 아무리 맡기려고 해도 맡겨지지 않는다는 견고한 진이 내 안에 있었습니다. 그러던 어느 날 내가 불신앙으로 기도하고 있다는 것을 발견하게 되었습니다. 불신앙의 기도는 응답받지 못합니다. 그러면서 제 안에 새로운 계시가 오는 것이었습니다. '하나님은 우리가 할 수 없는 것을 하라고 하시는 분이 아니다. 하나님이 염려를 맡기라고 하셨다면 나에게는 맡길 능력이 있어.' 나는 이런 계시를 받게 되면서부터 맡길 수 있다는 고백을 시작하였고 믿기 시작하였습니다.

마찬가지로 하나님이 원수를 사랑하라고 하신 것은 우리에게 하나님과 같은 아가페의 사랑이 부어져 있기 때문입니다. 하나님은 우리가 그 아가페의 사랑을 활용할 수 있는 능력이 있음을 아시기 때문에 원수를 사랑하라고 하신 것입니다. 이와 같은 깨달음이 오면서부터 근심과 걱정이 오면 거절할 수 있는 믿음이 생겼습니다.

그 믿음은 나를 염려로부터 자유케 해주었습니다. 하나님께서 그리스도 예수 안에서 예비해 놓으신 염려 없는 삶, 늘 평강 가운데 사는 삶을 살게 되었습니다.

어려운 일이 있을 때 그것을 하나님께 맡겨야 하나님께서 역사하실 수 있습니다. 우리가 붙들고 있으면 하나님의 역사는 일어나지 않습니다.

그럼에도 불구하고 마귀가 우리에게 다시 염려를 가지고 오면 그때는 "마귀야, 나는 그 문제를 더 이상 가지고 있지 않다. 나는 그것을 주님께 드렸고 더 이상 그 문제는 내게 있지 않다."라고 선언하십시오.

마치 내가 차 열쇠를 주차하는 사람에게 주고 왔는데, 어떤 사람이 나에게 열쇠를 달라고 할 때 "나에겐 열쇠가 없어요."라고 말하는 것처럼, 염려를 하나님께 맡기면 더 이상 그 문제를 가지고 있지 말아야 합니다. 그래도 마귀가 문제를 다시 꺼내 들고 다가오면 "하! 하! 하!" 하고 마귀를 비웃으십시오.

8. 합심기도
두 사람 이상이 한 마음으로 하는 기도

합심기도는 두 사람 이상이 합심해서 하는 기도입니다. 합심기도를 하면 하나님의 큰 능력이 나타납니다. 합심기도는 인원수가 많은 것보다 마음을 합해서 하는 것이 중요합니다. 합심기도는 그리스도인들이 강화해야 할 분야입니다. 합심기도는 둘 이상이 모여 할 수 있습니다. 합심해서 기도할 때도 혼자 기도할 때와 마찬가지로 말씀을 믿고, 그 기도가 응답된다고 믿어야 하나님의 역사가 일어납니다.

성경은 합심기도는 혼자 하는 기도보다 훨씬 더 능력이 있다고 말합니다. 두 사람 이상이 합심하여 기도하면 하나님께서 이루어주신다고 약속하셨습니다. 또, 한 사람이 천을 좇았다면 두 사람은 이천을 좇아야 하는데 두 사람이 만을 좇을 수 있다고 성경은 말합니다. 이것이 합심기도의 위력이며 영적 세계의 법칙입니다.

> 마 18:18-20
> 진실로 너희에게 이르노니 무엇이든지 너희가 땅에서 매면 하늘에서도 매일 것이요 무엇이든지 땅에서 풀면 하늘에서도 풀리리라 진실로 다시 너희에게 이르노니 너희 중의 두 사람이 땅에서 합심하여 무엇이든지 구하면 하늘에 계신 내 아버지께서 그들을 위하여 이루게 하시리라 두세 사람이 내 이름으로 모인 곳에는 나도 그들 중에 있느니라

신 32:30
그들의 반석이 그들을 팔지 아니하였고 여호와께서 그들을 내주지 아니하셨더라면 어찌 하나가 천을 쫓으며 둘이 만을 도망하게 하였으리요

어려운 문제가 있을 때는 혼자 기도하는 것보다 마음을 합할 수 있는 사람들을 모아서 함께 기도하는 것이 좋습니다. 부부가 함께, 셀원들이 함께, 사랑하는 사람끼리, 교우끼리 함께 기도하는 것은 매우 좋은 방법입니다.

합심기도는 기도하는 사람들의 마음을 정확히 일치시키는 것이 중요합니다. 만일, 아픈 사람을 위해 기도한다면 각자의 생각대로 기도할 것이 아니라, 당사자가 어떻게 치유되기를 원하는지를 듣고 그 사람의 믿음의 수준에 맞춰 기도해야 합니다. 예를 들어, 기도해주는 사람의 생각으로는 손만 얹고 기도해도 될 것 같더라도 당사자가 그런 믿음을 갖지 못하고 병원에 가서 수술을 해야 된다고 생각하고 있다면 그 믿음의 수준에 맞춰 기도하는 것이 바람직합니다. 병을 고치는 것이 목적이기 때문에 환자의 믿음의 수준에 맞게 기도해주어야 합니다.

아직도 마귀가 이 세상에서 거짓말로 도적질하고 죽이고 멸망시키려 하기 때문에 우리는 하나님이 역사하실 수 있도록 길을 열어드려야 합니다. 기도는 바로 하나님께 길을 열어드리는 것입니다. 하나님은 자녀인 우리들을 축복해주기

원하시지만, 그 축복이 역사할 수 있는 시발점은 바로 우리로부터 시작되는 것이 영적 원리입니다.

묶고 푸는 권세가 우리에게 있습니다(마 18:18). 하나님은 우리가 그리스도 예수 안에서 축복받고 살 수 있도록 모든 것을 이루어놓으셨지만 묶고 푸는 권세는 우리에게 있습니다. 우리가 그 권세를 사용할 때 하나님은 역사하실 수 있습니다. 그리스도인들은 합심기도의 위력을 믿고 기도생활에 많이 활용해야합니다.

9. 연합기도
많은 사람들이 한 마음, 한 목소리로 하는 기도

연합기도는 합심기도에 비해 숫자적으로 많은 사람들이 마음을 같이하여 목소리를 높여 함께하는 기도입니다. 통성기도가 연합기도는 아닙니다. 동시에 소리 높여 기도를 할지라도 각자의 기도제목을 놓고 기도하는 것은 연합기도가 아닙니다. 연합기도는 동일한 기도제목에 대해 함께 간절히 기도하는 것입니다.

> 행 4:23-24
> 사도들이 놓이매 그 동료에게 가서 제사장들과 장로들의 말을 다 알리니 그들이 듣고 한 마음으로 하나님께 소리를 높여 이르되 대주재여 천지와 바다와 그 가운데 만물을 지은 이시요

행 4:31
빌기를 다하매 모인 곳이 진동하더니 무리가 다 성령이 충만하
여 담대히 하나님의 말씀을 전하니라

성전 미문에 앉아 있던 앉은뱅이가 치유 받은 일로 인해 사도들이 공회에 넘겨졌다가 다시 놓이게 된 사건이 있습니다. 공회에서는 그들에게 다시는 예수 이름으로 말하거나 전하지 말라고 명령했습니다. 공회에서 나온 사도들은 동료들과 함께 한 마음으로 이 문제에 대해 하나님께 기도를 합니다. 그러자 하나님의 역사가 나타나 그들은 성령 충만함을 받고 담대히 하나님의 말씀을 전하게 되었습니다.

또, 사도들이 다른 믿는 자들과 마음을 같이하여 기도하다가 오순절에 이르러 성령 충만함을 받는 하나님의 역사를 체험합니다.

행 1:14
여자들과 예수의 어머니 마리아와 예수의 아우들과 더불어 마음을 같이하여 오로지 기도에 힘쓰더라

행 2:1-4
오순절 날이 이미 이르매 그들이 다같이 한 곳에 모였더니 홀연히 하늘로부터 급하고 강한 바람 같은 소리가 있어 저희 앉은 온 집에 가득하여 불의 혀 같이 갈라지는 것이 저희에게 보여 각 사람 위에 임하여 있더니 저희가 다 성령의 충만함을 받고 성령의 말하게 하심을 따라 다른 방언으로 말하기를 시작하니라

바울과 실라가 감옥에 갇혔을 때 둘은 큰 소리로 찬송을 했습니다. 이 때 갑자기 지진이 일어나 옥 터가 흔들려서 그들을 묶었던 착고가 풀리는 하나님의 역사가 일어납니다. 그것을 본 간수와 가족들은 예수님을 믿고 구원을 받습니다. 이처럼 연합기도는 하나님의 영광이 나타나게 합니다.

행 16:25
한밤중에 바울과 실라가 기도하고 하나님을 찬송하매 죄수들이 듣더라

솔로몬이 하나님께 천 마리의 소를 바쳐 일천번제를 드릴 때 하나님의 영광이 너무 강력하게 나타나서 제사장들이 서있지 못할 정도였다고 했습니다. 그런 영광이 나타날 수 있었던 이유는 일천번제를 했기 때문이 아니라 한 목소리로 하나님을 찬양하고 경배했기 때문입니다. 우리가 예배할 때 한 마음과 한 목소리로 하나님을 찬양하는 것도 연합기도입니다. 회중이 마음을 합하여 찬양할 때 하나님의 영광이 나타납니다.

대하 5:6-7
솔로몬 왕과 그 앞에 모인 모든 이스라엘 회중이 궤 앞에서 양과 소로 제사를 드렸으니 그 수가 많아 기록할 수도 없고 셀 수도 없었더라 제사장들이 여호와의 언약궤를 그 처소로 메어 들였으니 곧 본전 지성소 그룹들의 날개 아래라

대하 5:11-14
이 때에는 제사장들이 그 반열대로 하지 아니하고 스스로 정결하게 하고 성소에 있다가 나오매 노래하는 레위 사람 아삽과 헤만과 여두둔과 그의 아들들과 형제들이 다 세마포를 입고 제단 동쪽에 서서 제금과 비파와 수금을 잡고 또 나팔 부는 제사장 백이십 명이 함께 서 있다가 나팔 부는 자와 노래하는 자들이 일제히 소리를 내어 여호와를 찬송하며 감사하는데 나팔 불고 제금 치고 모든 악기를 울리며 소리를 높여 여호와를 찬송하여 이르되 선하시도다 그의 자비하심이 영원히 있도다 하매 그 때에 여호와의 전에 구름이 가득한지라 제사장들이 그 구름으로 말미암아 능히 서서 섬기지 못하였으니 이는 여호와의 영광이 하나님의 전에 가득함이었더라

노래하는 자, 나팔 부는 자 등이 일제히 소리를 높여 하나님의 선하심과 자비하심이 영원하다고 한 목소리로 찬송할 때 하나님의 영광이 강하게 나타나 성전에 구름이 가득하게 되었습니다.

대하 7:1-3
솔로몬이 기도를 마치매 불이 하늘에서부터 내려와서 그 번제물과 제물들을 사르고 여호와의 영광이 그 성전에 가득하니 여호와의 영광이 여호와의 전에 가득하므로 제사장들이 여호와의 전으로 능히 들어가지 못하였고 이스라엘 모든 자손은 불이 내리는 것과 여호와의 영광이 성전 위에 있는 것을 보고 돌을 깐 땅에 엎드려 경배하며 여호와께 감사하여 이르되 선하시도다 그의 인자하심이 영원하도다 하니라

하나님의 영광이 회중 가운데 강하게 임하게 되면 구원 받지 못한 사람이 구원을 받고 영적으로 하나님과 멀어진 사람이 하나님과의 관계를 회복하는 역사가 일어납니다.

연합기도는 하나님이 주신 축복이므로 우리는 이를 놓치지 말아야 합니다. 우리가 교회나 셀에서 경배하고 찬양하는 일은 매우 중요합니다. 특히, 셀에서는 통상 각각 기도제목을 낸 후에 하나씩 기도를 하지만, 긴급한 기도제목이 있을 경우에 그것에 대해 집중적으로 기도를 한다면 좋은 연합기도가 될 것입니다.

10. 중보기도
심판을 막는 기도

중보기도(The Prayer of Intercession)는 한 마디로 틈 사이를 막아주는 기도라고 정의할 수 있습니다. 사람과 하나님과의 틈을 막아주는 기도입니다. 어떤 사람이 크게 심판을 받아야 하는데, 다른 사람이 중간에서 틈을 막고 기도함으로써 그 사람이 받을 심판을 막는 기도입니다. 그래서 중보기도는 심판을 막는 기도라고 할 수 있습니다.

눅 13:1-9
그때 마침 두어 사람이 와서 빌라도가 어떤 갈릴리 사람들의 피를 저희의 제물에 섞은 일로 예수께 고하니 대답하여 가라사대 너희는 이 갈릴리 사람들이 이같이 해 받음으로써 모든 갈릴리 사람보다 죄가 더 있는 줄 아느냐 너희에게 이르노니 아니라 너희도 만일 회개치 아니하면 다 이와 같이 망하리라 또 실로암에서 망대가 무너져 치어 죽은 열여덟 사람이 예루살렘에 거한 모든 사람보다 죄가 더 있는 줄 아느냐 너희에게 이르노니 아니라 너희도 만일 회개치 아니하면 다 이와 같이 망하리라 이에 비유로 말씀하시되 한 사람이 포도원에 무화과나무를 심은 것이 있더니 와서 그 열매를 구하였으나 얻지 못한지라 과원지기에게 이르되 내가 삼 년을 와서 이 무화과나무에 실과를 구하되 얻지 못하니 찍어 버리라 어찌 땅만 버리느냐 대답하여 가로되 주인이여 금년에도 그대로 두소서 내가 두루 파고 거름을 주리니 이 후에 만일 실과가 열면이어니와 그렇지 않으면 찍어 버리소서 하였다 하시니라

예수님은 어떤 사람이 실로암 망대가 무너져 치어 죽는 사람 즉, 요즈음 같으면 교통사고로 죽는 사람은 다른 사람들보다 죄가 더 많아서 그런 것이 아니라 중보하는 사람이 없기 때문이라고 말씀하셨습니다.

이어서 하신 말씀은 무화과나무에 열매가 열리지 않으면 찍어버려야 하는데, 과수원지기가 주인에게 중보를 함으로써 기회를 준다는 이야기입니다. 불신자들은 그들의 머리 위에 있는 저주로 말미암아 언제, 어떻게 될지 모르지만, 믿음이 있는 누군가가 그들을 위해 기도해줌으로써 그들을 보호해줄 수 있다는 뜻입니다.

중보기도를 하는 사람은 중보를 받는 사람보다 하나님을

더 알고 영적으로 성장한 사람이어야 합니다. 예수를 믿지 않는 사람을 위해서는 예수 믿는 사람이 중보를 해야 하며, 예수 믿는 사람들 간에는 영적으로 강건한 사람이 연약한 사람을 위해 중보를 해야 합니다. 이렇게 함으로써 믿음이 연약한 사람은 중보자의 믿음으로 인하여 더 큰 하나님의 축복을 누릴 수 있게 됩니다.

> 사 64:7
> 주의 이름을 부르는 자가 없으며 스스로 분발하여 주를 붙잡는 자가 없사오니 이는 주께서 우리에게 얼굴을 숨기시며 우리의 죄악으로 말미암아 우리가 소멸되게 하셨음이니이다

이사야서 64장을 보면 중보자가 없는 죄인의 상태가 나옵니다. 그런 사람들에게는 언제, 어떤 일이 일어날지 모릅니다. 예수님은 우리의 중보자로 오셨습니다. 예수님은 하나님을 떠나 있는 우리에게 오셔서 하나님과 우리 사이에 벌어진 틈을 막아주셨습니다. 이로 말미암아 우리는 예수님의 공의를 의지하여 하나님께 나아갈 수 있게 되었습니다. 이것이 중보자가 해야 할 역할입니다. 우리가 그리스도인이 되는 것은 누군가를 통해서 되지만, 영적으로 성장하면서 중보자가 되어야 하는 것이 성경적인 그리스도인의 삶입니다.

하나님은 공의로우신 분이기 때문에 죄인에게는 벌을 주어야 마땅합니다. 따라서 율법을 어기고 하나님께 불순종한 사람에게는 저주가 내릴 수밖에 없습니다. 그렇지만 사랑이신

하나님은 사람들이 저주받는 것을 원하지 않습니다. 그래서 누군가가 하나님과 사람 사이에 벌어진 틈새를 막아준다면 하나님은 합법적으로 그 사람을 저주하지 않을 수 있는 명분을 찾게 됩니다. 즉, 공의를 지키면서 저주를 막을 수 있습니다. 이처럼 우리가 중보를 할 때 저주 받아야 마땅한 사람이 저주받지 않을 수 있게 됩니다. 이것이 중보의 역할입니다.

겔 33:11
너는 그들에게 말하라 주 여호와의 말씀이니라 나의 삶을 두고 맹세하노니 나는 악인이 죽는 것을 기뻐하지 아니하고 악인이 그의 길에서 돌이켜 떠나 사는 것을 기뻐하노라 이스라엘 족속아 돌이키고 돌이키라 너희 악한 길에서 떠나라 어찌 죽고자 하느냐 하셨다 하라

에스겔서 33장에서 볼 수 있듯이 하나님은 죄인마저도 벌 받지 않기를 원하십니다. 하나님은 악인이라 할지라도 벌 받지 않기를 바라시며, 그가 망하는 길로 가지 않기를 원하십니다.

겔 22:30-31
이 땅을 위하여 성을 쌓으며 성 무너진 데를 막아서서 나로 하여금 멸하지 못하게 할 사람을 내가 그 가운데에서 찾다가 찾지 못하였으므로 내가 내 분노를 그들 위에 쏟으며 내 진노의 불로 멸하여 그들 행위대로 그들 머리에 보응하였느니라 주 여호와의 말씀이니라

하나님은 누군가 중보하는 사람이 있었다면 분노를 그들 위에 쏟지 않고 피해가고자 하셨는데, 중보하는 사람이 없으므로 진노가 그들에게 부어졌다고 하셨습니다.

벧후 3:9
주의 약속은 어떤 이들이 더디다고 생각하는 것 같이 더딘 것이 아니라 오직 주께서는 너희를 대하여 오래 참으사 아무도 멸망하지 아니하고 다 회개하기에 이르기를 원하시느니라

베드로후서 3장 9절은 하나님의 심정을 더욱 분명히 보여줍니다. 또, 창세기 18장에 보면, 아브라함은 소돔과 고모라 성들이 너무나 패역하여 천사들이 멸할 수밖에 없게 되었음을 알게 됩니다. 그래서 아브라함은 중보를 시작합니다. 먼저 그곳에 의인 오십 명이 있다면 멸하지 않을지 여쭤봅니다. 아브라함이 중보를 함으로써 하나님은 의인 열 명이 있으면 그 성들을 멸하지 않겠다고 약속하십니다. 그러나 그곳에는 의인 열 명이 없어서 멸망하게 되었습니다.

우리가 중보를 함으로써 많은 역사가 일어나고 있지만, 이런 역사는 영적으로 일어나고 있기 때문에 우리가 실감하지 못할 뿐입니다. 우리 교회에는 늘 중보기도를 하는 성도들이 있습니다. 사실 그들의 중보기도를 통해서 얼마나 많은 사람들이 덕을 보고 있는지 직접 확인할 수는 없지만 많은 사람들이 그들의 덕을 보고 있다고 확신합니다. 보이지 않는 영적 세계의 일이므로 느끼지 못할 뿐입니다.

교회에 중보기도가 끊이지 않으면 성도들의 신앙생활이 훨씬 쉬워집니다. 물론, 각자가 해야 할 영적 싸움이 있지만, 공통적으로 겪을 수 있는 문제들은 중보하는 사람으로 말미암아 예방되게 됩니다.

얼마 전 한 개척교회 목사님이 잠시 미국에 가 있는 시기에 문제가 생기자 그 교회 사모님이 나에게 전화를 했습니다. 한 성도가 새벽기도를 가는 중에 횡단보도에서 사람을 쳤는데, 하필이면 예전에 다니던 교회의 권사님이었습니다. 그래서 그 사람의 목숨이 위태롭게 되었습니다. 그래서 어떻게 해야 할지 몰라 전화를 했던 것입니다. 나는 "왜 그런 일이 일어났는가에 대해서는 생각하지 말라. 그런 생각은 사단이 원하는 것이며 사단의 계략에 휘말릴 수 있다. 이제 그 문제를 하나님의 방법대로 극복해야 되겠다고 생각하고 그 사람들을 위해 기도하고 그들에게 하나님의 말씀대로 사랑으로 행하면 하나님께서 인도해주시고 역사하실 것이다."라고 답변해주었습니다. 그 지역은 특별히 영적으로 좋지 않은 곳이라는 것이 그 사모님의 고백이었고, 그래서 중보기도가 절대적으로 필요한 교회였습니다.

이처럼 성도와 교회를 공격하는 사단의 화살을 막기 위해서는 끊임없는 중보기도로 보호의 울타리를 쳐야합니다. 교회에서 중보기도는 참으로 귀한 것입니다. 그리스도인은 영적으로 성장해서 누구나 중보기도자가 되어야 합니다.

11. 간구의 기도
간절히 청원하는 기도

간구의 기도는 필요로 하는 것을 얻기 위한 기도입니다. 간구의 기도는 가슴 깊은 곳에서 나오는 청원이나 요청을 하나님께 지속적으로 간절히 기도하는 것입니다. 성경은 기도와 간구를 구분하고 있습니다.

> 엡 6:18
> 모든 기도와 간구를 하되 항상 성령 안에서 기도하고 이를 위하여 깨어 구하기를 항상 힘쓰며 여러 성도를 위하여 구하라

간구의 기도는 믿음으로 해야 합니다

> 마 21:22
> 너희가 기도할 때에 무엇이든지 믿고 구하는 것은 다 받으리라 하시니라

> 막 11:24
> 그러므로 내가 너희에게 말하노니 무엇이든지 기도하고 구하는 것은 받은 줄로 믿으라 그리하면 너희에게 그대로 되리라

누구를 위해 간구하는가?

첫째, 자신의 영적, 육신적 필요를 위해 기도합니다.

빌 4:6
아무 것도 염려하지 말고 다만 모든 일에 기도와 간구로, 너희 구할 것을 감사함으로 하나님께 아뢰라

둘째, 성도들을 위해 기도합니다.

엡 6:18
모든 기도와 간구를 하되 항상 성령 안에서 기도하고 이를 위하여 깨어 구하기를 항상 힘쓰며 여러 성도를 위하여 구하라

셋째, 권세 있는 모든 사람들을 위해 기도합니다.

딤전 2:1-2
그러므로 내가 첫째로 권하노니 모든 사람을 위하여 간구와 기도와 도고와 감사를 하되 임금들과 높은 지위에 있는 모든 사람을 위하여 하라 이는 우리가 모든 경건과 단정함으로 고요하고 평안한 생활을 하려 함이라

무엇을 간구할 수 있나?

첫째, 추수할 일꾼을 위해 기도합니다.

마 9:37-38
이에 제자들에게 이르시되 추수할 것은 많되 일꾼이 적으니 그러므로 추수하는 주인에게 청하여 추수할 일꾼들을 보내 주소서 하라 하시니라

둘째, 성령의 비를 쏟아부어달라고 기도합니다.

슥 10:1
봄비가 올 때에 여호와 곧 구름을 일게 하시는 여호와께 비를 구하라 무리에게 소낙비를 내려서 밭의 채소를 각 사람에게 주시리라

셋째, 우리의 필요를 위해 기도합니다.

약 5:16-18
그러므로 너희 죄를 서로 고백하며 병이 낫기를 위하여 서로 기도하라 의인의 간구는 역사하는 힘이 큼이니라 엘리야는 우리와 성정이 같은 사람이로되 그가 비가 오지 않기를 간절히 기도한즉 삼 년 육 개월 동안 땅에 비가 오지 아니하고 다시 기도하니 하늘이 비를 주고 땅이 열매를 맺었느니라

넷째, 회개나 용서를 위해 기도합니다.

단 9:2-3
곧 그 통치 원년에 나 다니엘이 책을 통해 여호와께서 말씀으로 선지자 예레미야에게 알려 주신 그 연수를 깨달았나니 곧 예루살렘의 황폐함이 칠십 년만에 그치리라 하신 것이니라 내가 금식하며 베옷을 입고 재를 덮어쓰고 주 하나님께 기도하며 간구하기를 결심하고

다섯째, 다른 사람의 영적 필요를 위해 기도합니다.

엡 1:16
내가 기도할 때에 기억하며 너희로 말미암아 감사하기를 그치지 아니하고

성경에는 이와 같이 간구의 기도가 많이 나와 있습니다. 특히, 개인이나 다른 사람을 위해 기도할 때, 사도 바울이 한 '예수님을 닮는 성도의 기도' (부록 참조)를 평생의 기도제목으로 기도하기를 바랍니다.

이 세 가지 기도는 우리가 자신이나 성도를 위해 어떻게 기도해야 할지 좋은 모델 기도들입니다.

첫번째 기도는 계시의 기도입니다(엡 1:17-19). 이는 예수 믿지 않는 사람이나, 자신을 위해 많이 해야 합니다. 우리에게 계시가 많이 일어나서 하나님을 더 알게 해 달라는 기도입니다. 또한, 하나님의 기업이 무엇인지, 부르심의 소망이 무엇인지, 믿음의 강력함이 어떠한지를 알게 해달라는 기도입니다.

두번째 기도는 능력의 기도입니다(엡 3:16-19). 하나님의 사랑을 알아서 성령 충만하게 해달라는 기도입니다.

세번째 기도는 열매를 맺게 해달라는 기도입니다(골 1:9-12). 이러한 기도제목들은 우리가 평생을 두고 해야 할 좋은 모델 기도입니다.

제 3 장

예수님이 기도에 대해 하신 말씀

신약시대에 사는 많은 그리스도인들이 아직도 구약시대의 성도들과 같은 태도로 기도를 하고 있습니다. 하나님은 우리의 아버지가 되었으므로 하나님과 우리의 관계는 구약시대와는 다릅니다.

그럼에도 불구하고 신약시대 성도들의 체질이 변화되지 않은 경우가 많습니다. 예를 들어 예레미야 33장 3절의 말씀처럼 "환란 때 부르짖어라. 내가 크고 비밀한 일을 너희에게 보일 것이다."와 같은 구절을 붙들고 기도합니다. 이스라엘 백성들은 상황이 좋아지면 하나님을 멀리하였습니다. 사사시대의 역사를 보면, 이스라엘 사람들은 항상 상황이 좋아지면 하나님을 멀리하다가 환란을 당하면 하나님께 부르짖어서 하나님이 응답해주시는 절차를 반복했습니다.

이처럼 구약시대에는 대개 문제를 해결하기 위해 기도했습니다. 그러한 사례를 성경에서 보고 오늘날의 성도들도 구약시대처럼 하나님께 오래 기도하고 부르짖으면 지성이면 감천으로 화가 나있는 하나님의 마음을 움직여서 기도 응답을 받을 수 있을 것이라고 생각하는 경향이 있습니다.

그러나 예수님이 기도에 대해 어떻게 말씀하셨는지, 사도들이 기도를 어떻게 하라고 했는지를 안다면 더 이상 구약시대처럼 하나님께 다가가지 않을 것입니다.

예수님은 "내 집은 만민이 기도하는 집이다."라고 하셨습니다. 기도는 성도가 해야 할 가장 중요한 일입니다. 사도 바울이 죽음을 앞두고 젊은 사역자인 디모데에게 마지막으로 쓴 편지인 디모데전서 2장을 보면 "첫째로 권하노니 모든 사람을 위하여 간구와 기도와 감사를 하라."라고 하면서 기도를 가장 먼저 강조합니다. 그리스도인에게는 누구에게나 기도는 가장 중요한 부분입니다.

이번 장에서는 이미 언급한 내용과 중복되는 부분이 있지만 예수님이 기도에 대해 하신 모든 말씀을 확인하고, 기도에 대한 체질을 바꿔나가기 바랍니다.

사람에게 보이려고 기도하지 말라

마 6:5-6
또 너희는 기도할 때에 외식하는 자와 같이 하지 말라 그들은 사람에게 보이려고 회당과 큰 거리 어귀에 서서 기도하기를 좋아하느니라 내가 진실로 너희에게 이르노니 그들은 자기 상을 이미 받았느니라 너는 기도할 때에 네 골방에 들어가 문을 닫고 은밀한 중에 계신 네 아버지께 기도하라 은밀한 중에 보시는 네 아버지께서 갚으시리라 예수님은 사람에게 보이려고 기도하지 말라고 하셨습니다. 공식적인 기도를 할 때 우리는 하나님보다 사람을 더 의식하기 쉽습니다. 사람들은 속을 수 있지만 하나님은 속지 않으십니다. 만일 남에게 잘 보이려고 기도를 한다면, 하나님은 그 기도를 들어주실 수 없을 것입니다. 그런 기도는 사람에게만 인정받고 끝납니다. 성경에서 보다시피 신앙생활을 열심히 하던 바리새인들이 그런 문제에 빠져있었습니다. 우리도 이런 오류를 범할 수 있습니다. 예수님은 은밀한 중에 기도할 때 이를 보시는 하나님께서 응답해 주신다고 말씀하신 것을 잊지 말아야 합니다.

많은 말보다 믿음으로 기도하라

마 6:7
또 기도할 때에 이방인과 같이 중언부언하지 말라 그들은 말을 많이 하여야 들으실 줄 생각하느니라

예수님은 많은 말을 하는 것보다 믿음으로 기도하라고 말씀하셨습니다. 또, 하나님은 우리가 구할 것을 기도하기 전에 이미 아신다고 하셨습니다. 그래서 이방인들처럼 중언부언하면서 똑같은 말을 반복하는 기도를 하지 말라고 하셨습니다.

기도 응답을 받기 위해서는 많은 말보다는 말씀을 따라야

합니다. 하나님의 말씀에 없다면 절대로 역사할 수 없는 것이 영적인 원리입니다. 기도는 하나님의 말씀과 믿음에 의해 역사하십니다. 그래서 믿음은 없으면서 지성이면 감천이라는 생각으로 애를 써서 응답 받으려고 하는 기도는 성경적이지 못합니다. 그런데 많은 사람들은 이방신에게 접근하는 것처럼, 신을 기쁘게 하여 원하는 것을 얻으려고 하는 태도에 익숙해져 있습니다. 그러나 하나님은 말씀으로 정확하게 접근해서 믿음으로 기도할 때 반응하십니다.

예수 이름으로 아버지께 구하라

> 요 16:23-24
> 그 날에는 너희가 아무 것도 내게 묻지 아니하리라 내가 진실로 진실로 너희에게 이르노니 너희가 무엇이든지 아버지께 구하는 것을 내 이름으로 주시리라 지금까지는 너희가 내 이름으로 아무 것도 구하지 아니하였으나 구하라 그리하면 받으리니 너희 기쁨이 충만하리라

우리는 기도할 때는 예수님의 이름으로 하나님 아버지께 구해야 합니다. 하나님 아버지가 기도의 대상이며, 예수님의 이름으로 구합니다. 즉, 자녀의 권세를 가지고 아버지께 당당히 구하는 것입니다. 나를 사랑하사 아들까지 내어주신 아버지께 다가가는 것입니다.

성경 66권은 여러 사람들을 통해 기록되었는데, 시편이나 아가서와 같은 몇 권을 제외하고는 대부분 건조체로 써져 있어서 감정이 잘 표현되어 있지 않습니다. 예수님이 겟세마네 동산에서 극한 고통 속에 기도하시는 모습에 대해 성경에 "예수님이 애써 기도하시더라." "땀방울이 핏방울처럼 되더라."고 써져 있듯이 감정이 잘 나타나 있지 않습니다. 그래서 성경에서 하나님의 말씀을 볼 때 실감나지 않을 수 있습니다. 그러나 바른 기도생활을 하고 영적으로 성장하게 되면 아버지의 심정을 점점 더 알게 됩니다. 그래서 스스로가 아버지의 심정이 되어버려서 아버지를 이해하려고 애쓸 필요가 없게 되므로 신앙생활이 쉬워집니다.

우리의 심정이 아버지의 심정이 되면 기도할 때 아버지의 심정에 속한 것이 아니면 원하지 않게 됩니다. 아버지의 마음은 우리가 넘어지지 않고 끝까지 승리하는 삶을 살기 원합니다. 제가 딸을 낳고 보니 친정어머니 생각이 많이 났습니다. 딸을 보면 그 아이가 잘 살기를 바랍니다. 또, 방금 거듭난 성도를 보면 그와 같은 마음이 생기는데 이런 것이 바로 아버지의 심정입니다. 그래서 그 성도가 하나님의 약속들을 모두 찾아 누리기를 원하는 마음이 간절해집니다. 사랑하는 마음, 감사하는 마음, 애처롭게 생각하는 마음이 동시에 나타나면서 거듭난 그 사람이 승리하면서 하나님이 맡긴 사명을 완벽히 수행하고 천국에 가기를 소원하는 것 외에는 다른 생각이 들지 않습니다. 우리가 기도할 때 아버지의 심정으로 접근하고 아버지를 더욱 알아갈 때 우리의 기도는 점점 더 능력 있게 됩니다.

성경에 "예수 이름으로 아버지께 구하라."고 하는 말씀이 건조체로 쓰여 있지만, 이 말씀 즉, 예수 이름으로 기도 응답의 약속을 이루기 위해 지불한 값은 이루 말할 수가 없습니다. 성경의 약속 하나하나에는 깊은 사랑이 있습니다. 하나님의 모든 말씀에는 언약의 피가 뚝뚝 떨어지는 지극하신 사랑이 담겨져 있습니다. 그 언약의 말씀은 그리스도의 피로 이루어졌습니다. 우리가 이와 같은 아버지의 마음을 느끼게 될 때 우리는 비로소 아버지를 알게 됩니다.

> 마 7:9-11
> 너희 중에 누가 아들이 떡을 달라 하는데 돌을 주며 생선을 달라 하는데 뱀을 줄 사람이 있겠느냐 너희가 악한 자라도 좋은 것으로 자식에게 줄 줄 알거든 하물며 하늘에 계신 너희 아버지께서 구하는 자에게 좋은 것으로 주시지 않겠느냐

예수님은 기도에 대해 말씀을 하실 때 유난히 아버지를 강조하셨습니다. 악한 자라도 자식에게 좋은 것을 줄 텐데, 하물며 천부께서는 좋은 것을 주시지 않겠냐고 하실 때 '하물며'라는 표현은 비교할 수 없이 좋은 것을 우리에게 주시겠다는 뜻입니다. 예수님은 누구보다도 아버지를 잘 아시기 때문에 이처럼 아버지의 마음을 강조하셨습니다. 예수님이 기도에 대해 말씀하실 때마다 아버지를 강조하고 있다는 점을 기

억해야 합니다. 하나님은 멀리 계시는 분이 아니라 가까이 계시는 나의 아버지라는 마음을 가지고 기도해야 합니다.

하나님 나라의 의를 먼저 구하라

마 6:10
나라가 임하시오며 뜻이 하늘에서 이루어진 것 같이 땅에서도 이루어지이다

마 6:33
너희는 먼저 그의 나라와 그의 의를 구하라 그리하면 이 모든 것을 너희에게 더하시리라

우리가 기도할 때 무엇보다도 하나님의 나라를 위해 기도해야 합니다. 주기도문은 성경의 원리들을 많이 포함하고 있는데, 주기도문도 가장 먼저 하나님의 나라를 위해 기도하고 있는 것을 알 수 있습니다.

영적으로 성장하면 자신에 대한 필요는 희미해지게 되며 또 그러한 필요는 하나님께서 이루어주시기 때문에, 기도는 하나님 나라의 일을 더욱 원하는 차원으로 발전하게 됩니다. 자신보다는 하나님의 나라를 위해 더욱 기도하게 됩니다. 비록 자신은 손해를 볼지라도 하나님의 나라가 더 중요하게 됩니다. 세례 요한이 "나는 낮아져야 하겠고, 그는 높아져야 하

리라."라고 말한 것도 같은 맥락입니다.

하나님의 나라가 확장되면 그 안에서 우리의 필요를 구하는 것이나 신앙생활은 더욱 쉬워집니다. 교회에 하나님의 나라가 강력하게 임하면 교회에 속한 성도들의 신앙생활은 쉬워집니다. 예를 들어, 선교지와 같이 영적으로 어둠의 세력들이 장악하고 있는 지역에서의 신앙생활은 어렵습니다. 선교사님들이 선교지에서 병을 많이 앓게 되거나, 어떤 경우는 생존 자체가 힘든 것이 그런 이유입니다. 하나님의 나라가 강력하게 임한 곳에서는 교회든 가정이든 신앙생활이 쉽습니다. 하나님의 능력이 악한 세력을 몰아내주기 때문입니다. 그러므로 하나님의 나라가 먼저 임하는 것이 개인의 필요보다 더욱 중요함을 알고 기도할 때는 이를 먼저 구해야 합니다.

기도할 때 용서하라

마 6:12
우리가 우리에게 죄 지은 자를 사하여 준 것 같이 우리 죄를 사하여 주시옵고

기도할 때 먼저 용서하십시오. 용서하지 않는 마음은 우리의 기도를 방해합니다. 자신의 심령에 용서하지 않는 마음이 남아 있으면 언제 자기를 해칠지 모르는 독사를 보듯이 경계해야 합니다. 사랑과 용서와 믿음은 함께 역사합니다. 당신

의 기도가 방해받지 않기를 원한다면 먼저 사랑과 용서를 행하십시오.

구하라, 그리하면 받을 것이다

마 7:7-11
구하라 그리하면 너희에게 주실 것이요 찾으라 그리하면 찾아낼 것이요 문을 두드리라 그리하면 너희에게 열릴 것이니 구하는 이마다 받을 것이요 찾는 이는 찾아낼 것이요 두드리는 이에게는 열릴 것이니라 너희 중에 누가 아들이 떡을 달라 하는데 돌을 주며 생선을 달라 하는데 뱀을 줄 사람이 있겠느냐 너희가 악한 자라도 좋은 것으로 자식에게 줄 줄 알거든 하물며 하늘에 계신 너희 아버지께서 구하는 자에게 좋은 것으로 주시지 않겠느냐

눅 11:11-13
너희 중에 아버지 된 자로서 누가 아들이 생선을 달라 하는데 생선 대신에 뱀을 주며 알을 달라 하는데 전갈을 주겠느냐 너희가 악할지라도 좋은 것을 자식에게 줄 줄 알거든 하물며 너희 하늘 아버지께서 구하는 자에게 성령을 주시지 않겠느냐 하시니라

구하면 반드시 응답하신 다는 것을 믿고 기도해야 합니다. 기도해서 응답을 받으려면 애써 구하고, 어렵게 찾고, 세게 두드려야 되는 것으로 생각할 수 있습니다. 그러나 예수님의 말씀을 전반적으로 보면, 하나님께서는 우리가 애쓰면서 기

도해야 들어주신다고 말씀하고 있지 않습니다.

이스라엘의 전통적인 가옥은 안문과 바깥문이 있습니다. 바깥문에 손님이 와서 두드리면 종이 나가서 누가 왔는지 확인합니다. 가족이나 친척과 같이 주인이 잘 아는 사람이 문을 두드리면 곧바로 바깥문을 통과하지만, 주인이 잘 모르는 사람이면 종은 주인에게 여쭈어서 지시를 받게 됩니다. 예수님은 문을 한참 두드려야 열린다고 말씀하시는 것이 아니라, 하나님은 우리의 아버지이시므로 문을 두드리면 바로 열어주신다는 뜻으로 말씀하십니다.

기도에 대해 율법적으로 접근하는 태도가 남아 있다면, 기도 응답을 받는 것이 어렵다고 생각할 수 있습니다. 하나님은 기도에 바로 응답해 주시지만 이 땅에는 기도 응답을 방해하는 것들이 있습니다. 다니엘서에서 보면, 다니엘이 마음을 겸비키로 작정한 그 즉시 하나님께서는 기도에 응답하시고 천사를 보내시지만 천사는 응답을 가지고 오는 동안 방해를 받았습니다. 이 땅을 점령하고 있는 바사 왕국 군주가 막아서 그 응답이 나타나기까지 20일이 더 걸렸다고 기록되어 있습니다(단 10:11-13). 그렇게 시간이 지체되는 동안 우리가 약속의 말씀을 고백하면서 믿음을 지키면 기도한 것이 이루어지게 되는데 대부분의 경우는 중간에 포기합니다.

교회에서도 이와 같은 일이 많이 일어납니다. 예를 들어 복음을 전하기 위해 전도팀이 나갑니다. 영혼을 구원하는 일은 하나님의 뜻이며 하나님의 뜻에 따라 기도하고 나가지만, 전도를 방해하는 세력이 역사할 수 있습니다. 우리가 영혼을 구원하는 일은 하나님의 뜻에 따르는 일이기 때문에 당연히 잘 되어야 하겠지만 이를 방해하는 사단의 역사에 부딪칠 수 있습니다. 그러나 우리가 실망하지 않고 지속적으로 기도하며 복음을 전할 때, 하나님의 임재가 더욱 강해져서 방해하는 세력을 제압하고 마침내 전도가 되어지는 것을 경험하게 됩니다. 우리가 하나님의 뜻 안에서 무엇인가를 구할 때는 하나님이 역사하실 것에 대해 믿음을 갖고 포기하지 않고 나아가야 응답을 받을 수 있습니다.

어떤 때는 자신이 변화되어야 한다는 것을 모르고 기도했는데 응답이 없다고만 생각할 수 있습니다. 하나님은 응답하는데 오래 참는 분이 아닙니다. 예수님이 "두드리라. 그러면 열릴 것이다."라고 하신 말씀은 하나님은 기도하면 즉시 들어주시는 분이시라는 뜻으로 이해해야 합니다. 하나님은 열심히 두드려야 들으시는 분이 아니라, 우리의 아버지이시기 때문에 바로 듣고 응답하시는 분이십니다.

대부분의 사람들은 스스로 믿음이 있다고 생각하지만 사실은 믿음이 아닌 경우가 많습니다. 딸아이가 시력이 좋지 않아 안경을 쓰다가 콘택트렌즈를 끼고 있습니다. 나는 요즈음 많이 하는 라식 수술을 하라고 딸에게 제안을 했는데 딸은 수술에 겁을 내서 믿음으로 치유하겠다고 했습니다. 그래서 딸은 기회가 있을 때마다 여러 사람들로부터 안수기도를 받았습니다. 그러면서 자기는 믿는데 왜 눈이 좋아지지 않는지 모르겠다고 의

아해 했습니다. 내가 보기에는 딸은 눈을 치유 받을만한 믿음이 없는데도 딸아이는 자신이 믿음이 있다고 생각하고 있었습니다. 그래서 나는 "내가 볼 때 너는 믿지 않고 있다. 왜냐하면 너는 기도를 받았으니 언젠가 치유될 것이라고 생각하고 있는데 그것은 믿음이 아니고 소망이다. 그런 믿음으로는 치유 받을 수 없으니 바르게 믿든지 수술을 하든지 둘 중 하나를 선택하는 것이 좋겠다."고 조언해주었습니다.

우리가 믿음이라고 생각하지만 그렇지 않은 경우가 많습니다. 믿는다는 것은 하나님의 말씀을 머리로 동의하는 정도가 아니라, 그 말씀으로 심령이 설득되어지는 것을 말합니다. 그런 하나님의 믿음이 있을 때 하나님의 말씀이 역사하게 됩니다.

원수를 위해 기도하라

마 5:44-45
나는 너희에게 이르노니 너희 원수를 사랑하며 너희를 박해하는 자를 위하여 기도하라 이같이 한즉 하늘에 계신 너희 아버지의 아들이 되리니 이는 하나님이 그 해를 악인과 선인에게 비추시며 비를 의로운 자와 불의한 자에게 내려주심이라

원수를 위해 기도하십시오. 생각하기만 해도 당신의 기분을 나쁘게 하는 사람이 있다면 당신은 그 사람을 위해 기도해

야 합니다. 이것은 예수님이 우리에게 명하신 것입니다. 예수님은 기도에 대해 말씀하시면서 우리들에게 원칙을 주셨는데, 먼저 우리의 원수를 위해 기도하라는 것입니다. 율법 아래서는 원수를 사랑하고 원수를 위해 기도하라는 가르침을 찾아볼 수 없습니다. 그러나 예수님은 원수를 사랑하고 원수를 위해 기도하라고 가르치셨습니다. 거듭난 당신은 하나님과 같은 사랑을 가지고 있으며 그 사랑으로 원수를 사랑할 수 있고 그를 위해 기도할 수 있습니다(롬 5:5).

추수할 일꾼을 위해 기도하라

마 9:36-38
무리를 보시고 불쌍히 여기시니 이는 그들이 목자 없는 양과 같이 고생하며 기진함이라 이에 제자들에게 이르시되 추수할 것은 많되 일꾼이 적으니 그러므로 추수하는 주인에게 청하여 추수할 일꾼들을 보내 주소서 하라 하시니라

모든 사람들이 구원받는 것은 하나님의 뜻입니다. 그러나 누군가 복음을 전해야만 그들을 구원할 수 있기 때문에 로마서 10장 14절에서는, "믿지 않고 어떻게 주의 이름을 불러 구원받으며, 듣지 않고 어떻게 믿으며, 전하지 않으면 어떻게 듣고, 보내지 않으면 어떻게 전하겠느냐?"고 했습니다. 누군가 복음을 전해야 합니다.

우리는 전도 대상자가 있으면 우리가 그 사람을 구원하게 해달라고 기도합니다. 그런데 성경에는 그런 사람을 구원해 달라고 기도하라는 구절을 찾아볼 수 없습니다. 성경은 추수할 일꾼을 보내달라고 기도하라고 합니다. 그래서 우리가 어떤 사람을 구원하기 위해서는 먼저 그 사람에게 역사하는 마귀의 능력이 결박되도록 기도하고, 추수할 일꾼을 보내어 달라고 기도하는 것이 성경적입니다.

어떤 사람이 예수를 믿지 않으면, 언뜻 생각하기에는 그 사람에게 어려운 문제가 없어서 예수님을 믿기 힘들다거나, 너무 강퍅하기 때문이라는 등의 여러 가지 이유가 있어 보이지만, 성경은 이 세상의 신인 마귀가 믿지 않는 자들의 마음을 혼미케 해서 예수 그리스도를 볼 수 없게 만들었기 때문이라고 그 이유를 분명히 말합니다(고전 5:5). 영적으로 보면 그 한 가지가 바로 믿지 않는 이유입니다. 따라서 우리가 기도할 때는 그 흑암의 세력이 결박되도록 기도하며 그 사람에게 복음을 전하는데 가장 효과적인 사람을 보내달라고 기도해야 합니다. 물론, 당신이 그 추수할 사람이라고 생각되면 당연히 당신이 복음을 전해야합니다.

우리 주변에 있는 사람들에게는 우리가 직접 복음을 전할 수 있지만 멀리 떨어져 있는 사람들을 위해서는 기도를 합니다. 이때 우리는 영혼을 구원해 달라고 기도할 것이 아니라, 예수 그리스도의 능력을 위임 받은 자로서 흑암의 세력이 결박되도록 명하고 그에게 적절한 추수의 일꾼을 보내달라고 기도하는 것이 더욱 올바른 기도입니다. 우리가 기도하지 않으면 불신자들은 구원받을 수 없습니다. 구원 사역은 믿는 자들을 통해 이루어지기 때문에 우리가 기도를 해야만 하나님께서 역사하실 수 있는 길이 열립니다.

묶고 푸는 권세가 합심 기도에 있다

마 18:18-19
진실로 너희에게 이르노니 무엇이든지 너희가 땅에서 매면 하늘에서도 매일 것이요 무엇이든지 땅에서 풀면 하늘에서도 풀리리라 진실로 다시 너희에게 이르노니 너희 중의 두 사람이 땅에서 합심하여 무엇이든지 구하면 하늘에 계신 내 아버지께서 그들을 위하여 이루게 하시리라

예수님은 합심하여 구하면 하늘에 계신 아버지께서 이루어주신다고 말씀하셨습니다. 혼자 하는 기도보다 둘 이상이 합심하여 기도하면 기도의 권세는 훨씬 더 커집니다. 영적 세계에서 우리가 묶으면 묶이고, 우리가 풀면 풀립니다.

기도할 때 받은 줄로 믿으라

마 21:22
너희가 기도할 때에 무엇이든지 믿고 구하는 것은 다 받으리라 하시니라

막 11:24
그러므로 내가 너희에게 말하노니 무엇이든지 기도하고 구하는 것은 받은 줄로 믿으라 그리하면 너희에게 그대로 되리라

예수님은 기도할 때 구하는 것은 다 받는다고 누차 강조하셨습니다. 우리가 기도한 것은 응답된다는 것을 믿고 받은 줄로 믿을 때 하나님의 역사가 일어납니다.

믿음의 끈질긴 기도는 역사한다

눅 11:8
내가 너희에게 말하노니 비록 벗됨으로 인하여서는 일어나서 주지 아니할지라도 그 간청함을 인하여 일어나 그 요구대로 주리라

이 말씀은 밤에 어떤 사람이 찾아와서 문을 두드리며 먹을 것을 달라고 할 때 거절하고 싶어도 그 끈질김 때문에 먹을 것을 준다는 내용으로 기도의 끈질김을 이야기하고 있습니다. 예수님은 비유를 통해 끈질긴 기도는 역사한다고 하셨습니다.

그런데 여기서 꼭 알아야 할 것은 우리가 믿음의 끈질긴 기도를 해야 한다는 점입니다. 끈질긴 기도란 하나님께서 들어주실 것을 확실히 믿음으로써 상황이나 환경이 'No'라고 할 때도 이를 받아들이지 않는 믿음의 끈질김을 말합니다. 즉,

불신앙의 끈질긴 간청함이 아니라 믿음의 끈질긴 간청함으로 인해 기도가 역사합니다.

항상 기도하고 낙망치 말라

> 눅 18:1-8
>
> 예수께서 그들에게 항상 기도하고 낙심하지 말아야 할 것을 비유로 말씀하여 이르시되 어떤 도시에 하나님을 두려워하지 않고 사람을 무시하는 한 재판장이 있는데 그 도시에 한 과부가 있어 자주 그에게 가서 내 원수에 대한 나의 원한을 풀어 주소서 하되 그가 얼마 동안 듣지 아니하다가 후에 속으로 생각하되 내가 하나님을 두려워하지 않고 사람을 무시하나 이 과부가 나를 번거롭게 하니 내가 그 원한을 풀어 주리라 그렇지 않으면 늘 와서 나를 괴롭게 하리라 하였느니라 주께서 또 이르시되 불의한 재판장이 말한 것을 들으라 하물며 하나님께서 그 밤낮 부르짖는 택하신 자들의 원한을 풀어 주지 아니하겠느냐 그들에게 오래 참으시겠느냐 내가 너희에게 이르노니 속히 그 원한을 풀어 주시리라 그러나 인자가 올 때에 세상에서 믿음을 보겠느냐 하시니라

누가복음 18장에 있는 억울한 과부의 비유는 어떤 과부가 억울한 일을 당해서 불의한 재판관을 찾아가서 계속 이야기했더니 그가 귀찮아서 들어주었다는 이야기입니다. 하물며 하늘에 계신 우리 아버지께서는 우리의 원한을 속히 풀어주

시지 않겠냐는 것입니다. 예수님이 '속히'라고 말씀하신 것을 기억하십시오.

누가복음 18장은 항상 기도하고 낙심하지 말 것을 비유로 말씀하신 것인데, "인자가 다시 올 때 믿음을 볼 수 있겠느냐?"고 믿음을 강조하신 점을 주목해야 합니다(눅 18:8). 믿음을 가진 간청함을 보시겠다는 것입니다. 문제는 믿음입니다. 믿음의 끈질긴 기도는 반드시 응답받습니다. 오랫동안 기도하고 큰소리로 기도하면 하나님께서 마침내 들어 주실 것이라는 잘못된 태도를 버리고, 오직 믿음으로 기도할 때 하나님의 약속이 이루진다는 점을 잊지 말아야 합니다.

예수 이름의 권세를 사용하라

> 요 14:13-14
> 너희가 내 이름으로 무엇을 구하든지 내가 행하리니 이는 아버지로 하여금 아들로 말미암아 영광을 받으시게 하려 함이라 내 이름으로 무엇이든지 내게 구하면 내가 행하리라

기도할 때 예수 이름의 권세를 사용하십시오. 예수님은 "내 이름으로 아버지께 구하라."(요 16:23)고 하셨습니다. 여기서 '구하다'라고 번역되어진 희랍어는 '명령하다'는 뜻에 더 가깝습니다. 무엇이든지 하나님께서 약속하신 것을 명령하면 시행된다는 뜻입니다. 그래서 예수님은 요한복음 14장에서

"너희가 내 이름으로 명령하면 내가 행하겠다."고 말씀하셨습니다. 이처럼 예수 이름으로 구하는 것은 예수님께서 들어주신다는 것이 예수 이름의 권세입니다.

우리는 예수님이 하셨던 것과 같이 사탄에게 예수 이름의 권세를 사용해야 합니다. 예수님은 한 번도 아버지께 사람들의 병을 고쳐달라고 기도하시지 않았습니다. 예수님은 명령을 하셨습니다. 예수님은 그 권세를 십자가를 통해 얻으시고 우리에게 위임하셨습니다. 따라서 하늘과 땅의 권세가 예수 이름으로 우리에게 주어졌습니다. 하나님은 하늘에 있는 것이나 땅에 있는 모든 것보다도 예수 이름을 높이셨으므로 우리가 믿고 예수 이름으로 선포할 때 역사가 일어나게 됩니다.

우리가 스스로 환자로부터 병이 떠나라고 명령하고 귀신에게 떠나라고 명령해야 합니다. "귀신을 내쫓아 주십시오."라고 기도하는 것이 아닙니다. 물론 하나님께서는 우리의 뜻을 이해하시겠지만 이것은 올바른 방법이 아닙니다. 기도할 때 예수 이름의 권세를 더욱 많이 사용해야 합니다.

사도행전 3장을 보면 앉은뱅이가 일어나는 장면이 있는데, 그 때 사도들이 "예수 이름으로 병을 낫게 해주십시오."라고 기도하지 않았습니다. 사도들은 "우리에게 금과 은은 없지만 내게 있는 것으로 주노니, 나사렛 예수 이름으로 명하니 일어나 걸어라!"(행 3:8)고 명했습니다. 믿음을 가지고 예수 이름으로 명했기 때문에 그 사람은 일어나 걸었습니다.

예수님은 수차에 걸쳐 "네 믿음대로 이루어질 것이다."라고 말씀하셨습니다. 예수 이름의 권세가 우리의 기도생활에 많이 사용되어야 합니다. 예수 이름의 권세를 사용하는 것은 신약시대 성도들에게 주어진 특권이며 올바른 기도의 태도입니다.

기도할 때 말씀이 너희 안에 거하게 하라

> 요 15:7-8
> 너희가 내 안에 거하고 내 말이 너희 안에 거하면 무엇이든지 원하는 대로 구하라 그리하면 이루리라 너희가 열매를 많이 맺으면 내 아버지께서 영광을 받으실 것이요 너희는 내 제자가 되리라

예수님은 기도할 때 말씀이 우리에게 거하도록 하라고 하셨습니다. 말씀이 우리 안에 거하면 믿음도 거하게 됩니다. 말씀이 우리 안에 거하는 것과 단지 지식으로 받아들이는 것에는 큰 차이가 있습니다. 말씀이 우리 머릿속에 지식으로 있는 것이 아니라 우리의 심령 안에 있어야 합니다. 지식으로 있는 말씀은 사단이 주는 잘못된 생각으로 인해 없어질 수 있습니다. 우리의 심령에 있는 말씀이 곧 믿음이 되며 역사를 일으킵니다.

우리의 심령 안에 있는 말씀이란 하나님이 영감을 주신 말씀입니다. 믿음은 말씀을 고백하는 가운데 먼저 혼적으로(머리로, 생각으로) 동의하고, 그것이 익숙해져 어느 날 영적으

로 계시가 일어나 심령 가운데 자리를 잡게 되는 것입니다. 믿음을 갖게 되면 말씀을 그냥 믿게 됩니다. 머릿속의 생각은 왔다 갔다 할 수 있지만, 계시되어 심령에 있는 말씀은 우리 안에 거합니다. 말씀이 우리 안에 거할 때 기도한 것이 이루어집니다. 우리는 말씀을 고백하고 계시가 일어나도록 기도함으로써 말씀이 심령에 거하도록 해야 합니다.

지금까지 예수님이 기도에 대해 하신 모든 말씀을 성경에서 살펴보았습니다. 예수님은 기도에 대해 언급하실 때 마다 항상 아버지를 말씀하셨음을 기억하고, 아버지와 우리의 관계를 이해해야 합니다. 그리고 잃어버린 영혼을 위해 추수할 일군을 보내달라는 기도, 어떤 상황 하에서 믿음을 잃지 않는 믿음의 끈질긴 기도, 예수 이름의 권세로 명령하는 기도야말로 신약시대를 살고 있는 그리스도인들이 해야 할 주님이 바라시는 기도임을 잊지 말아야 합니다.

제 4 장

사도 바울을 통해 하신 말씀

예수님이 기도에 대하여 여러 가지 말씀을 하셨지만, 사도 바울은 예수님이 말씀하지 않은 것도 언급하고 있습니다. 사도 바울의 가르침은 교회를 대상으로 한 것이며, 신약시대 성도들의 특권을 말하고 있기 때문에 매우 중요합니다. 예수님은 유대인들을 대상으로 가르치셨고 그들은 옛 언약 아래에 있는 거듭나지 못한 사람들이었습니다. 그러나 예수님이 십자가에 돌아가심으로써 새 언약의 시대가 열렸습니다. 예수님은 아버지께로 올라가면 아버지께서 약속하신 성령을 보내주신다고 말씀하셨습니다. 예수를 구원자로 믿으면 성령을 선물로 받게 됩니다(행 2:38).

우리는 새 언약의 시대에 살고 있습니다. 따라서 우리는 구약의 성도들이 가지지 못한 특권을 기도에서도 갖게 됩니다. 그럼에도 불구하고 많은 그리스도인들의 기도에 대한 개념이나 기도의 방법이 아직도 구약시대적인 태도를 벗어나지 못하고 있음을 발견합니다.

사도 바울을 통해 기도에 대해 하신 말씀은 신약시대 성도들에게 매우 중요합니다.

눅 24:49
볼지어다 내가 내 아버지께서 약속하신 것을 너희에게 보내리니 너희는 위로부터 능력으로 입혀질 때까지 이 성에 머물라 하시니라

이 말씀은 예수님이 승천하신지 50일째 곧, 오순절에 성취되었습니다. 120명의 성도들이 마가의 다락방에 있다가 성령 충만함을 받았습니다. 바울의 서신서는 거듭나고 성령 충만을 받은 사람들을 대상으로 쓴 편지들입니다. 신약성경에서 성령으로 세례를 받는 것은 특별한 일이 아니라 평범한 일임을 알아야 합니다.

신약시대의 성도들 가운데 일부만이 성령의 도움을 받는 방언기도를 기도에 활용합니다. 이것만 봐도 오늘날 얼마나 많은 그리스도인들이 구약시대와 같은 기도생활을 하고 있는지 알 수 있습니다. 예수님이 가르쳐주신 기도의 원리와 더불어 성령의 도우심을 받는 기도생활은 예수님이 승천하신 후 우리에게 주어진 특권입니다. 성령의 도우심을 받는 기도생활을 놓치고 여전히 구약시대와 같은 기도를 한다면 기도생활에 가장 중요한 알맹이를 빼놓은 것입니다.

어느 날 밤에 노새가 컴컴한 길에서 마차를 끌고 가다가 뭔가를 보고 깜짝 놀랐습니다. 주인이 왜 그런지 보니 노새가 건초더미를 보고 놀라서 멈춘 것입니다. 그래서 주인은 "이 바보야. 너는 너에게 없어서는 안 될 가장 중요한 것을 보고

놀라는구나."라고 말했다고 합니다. 우리가 성령세례를 받고 성령 안에서 기도하는 것은 신약시대 교회에 내려진 최대의 축복입니다. 그런데 그것을 보고 놀라거나 등한시하면서 기도생활을 한다면 이 노새와 다를 바가 없을 것입니다.

오늘날 그리스도인들 중에는 성령세례를 받는 것에 대해 거부감을 갖는 성도들이 많습니다. 이는 우리에게 주어진 특권을 겁내는 것입니다. 우리가 성령세례 받고 방언으로 기도하면서 성령님의 도우심을 받는 것은 신약시대 성도들의 특권입니다. 성령세례는 사도행전에 수차례 기록되어 있는 평범한 일임을 알고, 성령의 도우심을 받는 기도를 기도생활에 적극 활용해야 합니다.

성령님은 우리의 기도를 도와주신다

롬 8:26
이와 같이 성령도 우리의 연약함을 도우시나니 우리는 마땅히 기도할 바를 알지 못하나 오직 성령이 말할 수 없는 탄식으로 우리를 위하여 친히 간구하시느니라

성령님이 우리의 기도를 도와주신다는 것은 사도 바울이 우리에게 한 말씀입니다. 성령님은 우리의 기도를 도와주시는 분이시기 때문에 성령님의 도움을 놓치지 말아야 합니다.

연약함을 도와주신다는 의미는 우리가 무엇을 기도해야 할지, 무엇을 먼저 기도해야 할지, 어떻게 기도해야 할지 모를 때 우리를 도와주신다는 것입니다. 기도를 하다보면 성령님은 육신적인 기도보다는 영적인 기도를 하도록 도와주십니다. 따라서 초신자가 하는 기도는 육신적인 기도가 많으므로 초신자들이 하는 방언기도는 자신이 말로 하는 기도와 내용상 차이가 많을 수밖에 없습니다. 그러나 영적으로 성장하게 되면 육신적인 기도보다는 영적인 기도로 바뀌어 가는 것을 알 수 있습니다. 그래서 때때로 육신적인 문제를 기도하려고 하는데도 그런 문제는 놓아두고 영적인 기도를 하게 되는 것을 발견합니다. 이것은 성령님의 도움이 있기 때문입니다. 자신이 급하다고 생각하는 문제가 있지만 성령님은 더 급한 문제를 기도하도록 도우십니다.

나는 어떤 기도를 하려고 하는데 그 기도는 안 되고 자꾸 다른 기도를 하게 되면, '아, 이것은 급한 기도가 아니구나!' 하고 성령님께 양보하여 성령님이 이끄시는 기도를 합니다. 하나님은 이처럼 성령님을 통해서 우리의 연약함을 도와주십니다.

여기에서 '돕는다' 라고 번역된 단어는 우리의 연약함(지식 없음, 약함, 부족함, 삶의 문제들)을 대항하여 '함께 붙든다', '함께 싸워준다' 는 뜻입니다. 우리는 무거운 피아노를 혼자 움직일 수가 없을 때 누군가에게 도와달라고 부탁합니다. 다른 사람들이 나의 연약함을 도와주도록 합니다. 성령님은 이처럼 우리의 연약함을 도와주십니다. 우리에게 어떤 일이 닥쳐오고 있는지 우리는 알지 못하지만 시간과 공간을 초월한 지식을 가지신 성령님께서는 우리로 하여금 가장 중요한 기도를 하도록 도와주십니다.

롬 8:27
마음을 살피시는 이가 성령의 생각을 아시나니 이는 성령이 하나님의 뜻대로 성도를 위하여 간구하심이니라

로마서 8장 27절에 보면, "성령이 하나님의 뜻대로 성도를 위하여 간구하심이니라."라고 되어 있습니다. 킹제임스 성경에는 '간구'를 '중보'라고 표현하고 있습니다. 즉, 중간 역할을 해주신다는 뜻입니다. 성령님은 우리의 기도를 돕는 분이지 우리의 기도를 주관하는 분이 아닙니다. 기도를 해야 할 책임은 우리에게 있지만, 성령님은 어떻게 기도하고, 무엇을 기도할 것인지 가르쳐주시고 인도해주시는 분으로서 믿음의 기도를 할 수 있도록 도와주십니다.

방언으로 하는 기도는 성령님의 도우심을 받는 기도입니다. 많은 사람들이 성령세례를 받은 후 방언을 말하게 되지만 한참 동안 방언기도를 하지 않다가 방언기도의 필요성을 발견하고서 "예전에 방언을 했었는데, 오랫동안 하지 않아 하나님께서 거둬갔어요."라고 말하기도 합니다. 그러나 하나님은 방언을 거둬 가시는 분이 아닙니다. 방언기도를 하지 않아 방

언을 잊어버린 것이지 하나님이 거둬 가신 것이 아닙니다. 그런 사람들에게 성령 충만한 사람이 손을 얹고 기도하면 다시 성령 충만함을 받아서 방언을 할 수 있게 됩니다.

기도의 책임은 우리에게 있습니다. 성령님은 도와주시는 분입니다. 하나님은 사도 바울을 통해 기도할 때 성령님의 도우심을 많이 받으라고 말씀하십니다.

성령 안에서 기도하라

엡 6:18
모든 기도와 간구를 하되 항상 성령 안에서 기도하고 이를 위하여 깨어 구하기를 항상 힘쓰며 여러 성도를 위하여 구하라

거듭난 성도는 성령 안에서 기도하기를 힘써야 합니다. 사도 바울은 성령의 도움을 받고 성령 안에서 기도하라고 계속 강조합니다. 성령의 도움을 받고 성령 안에서 하는 기도는 신약시대 성도들에게 주어진 특권입니다. 성령 안에서 하는 기도란 성령으로 말미암아 영감을 받거나 인도를 받아서 하는 기도를 말합니다. 방언기도든 말로 하는 기도든 성령 안에서 영감을 받아서 하는 기도가 성령 안에서 하는 기도입니다.

내가 남편을 따라 처음으로 미국에 가서 살게 되었을 때, 미

국에서 이민생활을 하던 한 친구가 집을 구하는 등 정착하는데 도움을 주었습니다. 그 친구의 친척은 미국에 일찍 이민을 와서 잘 살고 있었는데, 친구에게 선물을 주곤 했습니다. 한번은 그가 내 친구에게 향수 세트를 선물했습니다. 그 향수 세트에는 작은 병과 큰 병에 향수가 들어있었습니다. 내 친구는 "작은 것을 너에게 줄게. 다 쓰면 큰 병에 있는 내 것을 나눠주겠다."라고 하면서 나에게 작은 병에 든 향수를 선물했습니다. 내가 그 향수를 쓸 때면, 사람들은 향기가 좋다고 말했습니다. 나중에 알고 보니 그 작은 것이 값비싼 향수(perfume)였고, 큰 것은 값이 싼 스프레이(spray)였습니다. 우리가 향수에 대해 너무 몰랐기에 일어난 일이었습니다.

이와 같이 우리가 잘 모르면 가장 중요한 것은 놓치고 덜 중요한 것을 붙잡을 수 있습니다. 성령님의 도우심을 받고 성령 안에서 하는 기도는 은혜의 시대에 태어난 우리에게 주어진 축복이며 특권 중의 하나입니다.

내가 성령의 인도를 받고 기도하는 것을 잘 모를 때, 나는 먼저 나라와 민족을 위하여 기도하기 시작하여 차례대로 몇 가지 기도제목을 두고 늘 같은 순서로 기도를 하곤 했습니다. 그러나 지금은 성경에서 기도하라고 하는 몇 가지를 기도한 후에는 성령님의 인도를 받아 중보기도를 합니다. 예를 들어 어떤 사람을 보여주시고 기도하라고 하시면 마음에 평강이 있을 때까지 그를 위해 기도합니다.

가끔은 기도할 대상이 어떤 상황에 처해 있는지를 알게 해주십니다. 환상 중에 그 사람에게 어떤 문제가 있는지를 알기도 하지만 전혀 무슨 일인지 모르고 성령님께서 그 사람에게 필요한 최고의 기도를 인도하신다는 것을 신뢰하며 기도를 하기도 합니다. 한번은 어떤 집사님이 기도 중에 환상으로 보여서 하나님이 그분을 위해 기도하라고 하시는 것으로 믿고 마음에 평강이 올 때까지 그분을 위해 기도를 했습니다. 당시 그분은 미국에 있었는데, 나중에 들은 바는 그 집사님이 미국에서 가족들과 함께 렌터카를 타고 다니다가 큰 교통사고가 났었는데, 차는 많이 부서졌지만 가족들은 전혀 다치지 않았다고 합니다. 그 분에게 내가 중보기도를 했었다고 말하지 않았지만 이처럼 성령님의 인도를 받는 기도는 완벽한 기도입니다.

살다보면 우리가 모르는 가운데 위험이나 곤경에 처하게 되지만, 성령님의 도우심을 받아 스스로 기도하거나 다른 사람의 중보기도를 통해서 아무 일 없이 지나가는 일이 수없이 많다고 믿습니다. 성령 안에서 하는 기도는 하나님이 우리에게 주신 이 시대의 특권임을 알고 누립시다.

고전 14:14
내가 방언으로 기도하면 성령으로 인하여 내 영이 기도하려니와

고린도전서 14장 14절에서 보면 방언기도는 그 자체가 모두 영의 기도입니다. 그러나 우리의 말로 하는 기도는 영의

기도일 수도 있지만 영의 기도가 아닐 수도 있습니다. 성령 안에서 하는 기도는 알아들을 수 있는 말이든지, 알지 못하는 방언으로 하든지 영의 기도입니다. 예언은 성령의 영감을 받은 우리의 언어로 하는 것이라면 방언은 성령의 영감을 받아 현존하지 않는 언어로 하는 기도입니다. 물론 방언도 성령님의 인도를 따라 현존하는 언어로 하는 특별한 경우도 있지만, 보통은 알아들을 수 없는 현존하지 않은 언어로 하는 기도입니다. 방언은 성령의 아홉 가지 은사 중 하나이며 이 시대 성도들에게 유익하도록 하나님이 주신 선물입니다.

고전 14:2
방언을 말하는 자는 사람에게 하지 아니하고 하나님께 하나니 이는 알아듣는 자가 없고 영으로 비밀을 말함이라

방언은 영으로 비밀을 말하는 것입니다. 나는 예수 믿고 얼마 되지 않아 성령세례를 받았고, 많은 사람들로부터 방언기도의 유익함에 대하여 들을 수 있었습니다. 그리고 하나님께 쓰임을 많이 받는 사람들의 공통점은 방언기도를 많이 한다는 것을 발견했습니다. 나는 방언기도를 많이 하라고 권면을 받았기 때문에 초신자 때부터 방언기도를 많이 했었습니다.

그동안 방언으로 기도할 때 그 뜻을 알지 못한 적이 많이 있었지만, 방언으로 기도함으로 어려움을 피해간 일들을 직

접 확인한 것도 많습니다. 우리 교회가 서울에서 분당으로 이사할 때 특별한 문제가 없었습니다. 그런데 나중에 교회 이전을 원치 않는 분들이 교회를 고소하려고 했었다는 사실을 알게 되었습니다. 그 당시 목사님을 비롯하여 우리는 이러한 사실을 전혀 알지 못했습니다. 그런데 나는 성령의 도우심을 받아 방언으로 기도하는 중에 교회가 둘로 나누어지는 환상을 보았고, 그것에 대해 기도하게 되었습니다. 나중에 그 중 한 분이 저지하여 고소가 중단되었다는 사실을 알게 되었습니다. 그밖에도 뜻을 알지 못하고 방언으로 기도하는 동안 성령님의 도우심을 받아 기도함으로써 승리하게 된 많은 일들을 간증할 수 있습니다.

성령님의 도우심을 받아 기도하면 많은 어려움을 극복할 수 있고, 자연 세계에서는 보이지 않지만 내재해 있는 많은 문제들을 해결할 수가 있습니다. 우리가 말씀을 바로 받아들여서 방언기도를 지속적으로 한다면 영적으로 성장하며 형통하는 삶을 살게 됩니다.

아울러 우리의 연약함을 극복함으로써 성격적으로 모난 부분들이 깎여져나가는 것을 체험하게 됩니다. 그 연약함이 어떤 것이라도 하나님은 도와주십니다. 그러므로 방언으로 기도할 때는 내가 성령님의 도우심을 받아 가장 완벽한 기도를 한다고 믿고 기도해야 합니다. 당신이 성령님을 의지하기만 한다면 그 도우심을 받을 수 있습니다.

시와 찬미와 영적인 노래들로
찬양하며 기도하라

골 3:16
시와 찬송과 신령한 노래를 부르며 감사하는 마음으로 하나님을 찬양하고

기도를 할 때 시와 찬미와 영적인 노래들로 찬양하면서 기도하십시오. 신약시대에 이러한 것들은 예언의 영역에 속합니다. 예언은 성령으로 말미암아 영감을 받고 인도되어진 말들입니다. 구약시대는 선지자가 앞날을 예측하여 하는 말만을 예언이라고 하지만, 신약시대는 성령의 영감을 받아 하는 말은 모두 예언에 속합니다. 예를 들어 설교 중에 성령의 감동을 받아 말씀을 선포하면 예언이 됩니다. 하나님의 인도를 받아 드리는 찬양도 예언에 속합니다. 사도 바울은 우리가 성령의 영감을 받아 이와 같이 시와 찬미와 신령한 노래들로 찬양하라고 말합니다. 이런 예언에 속하는 기도를 개인이나 여럿이 함께 기도할 때 하도록 권면합니다.

엡 5:18-20
술 취하지 말라 이는 방탕한 것이니 오직 성령으로 충만함을 받으라 시와 찬송과 신령한 노래들로 서로 화답하며 너희의 마음으로 주께 노래하며 찬송하며 범사에 우리 주 예수 그리스도의 이름으로 항상 아버지 하나님께 감사하며

골 3:16
그리스도의 말씀이 너희 속에 풍성히 거하여 모든 지혜로 피차 가르치며 권면하고 시와 찬송과 신령한 노래를 부르며 감사하는 마음으로 하나님을 찬양하고

또, 함께 모여 성령의 감동을 받아서 기도하라고 권면합니다. 사도행전을 보면 성도들이 금식하며 하나님을 찬양할 때 성령님은 예언을 통해 바나바와 사울을 따로 세우도록 하셨습니다.

행 13:2
저들이 주를 섬겨 금식할 때에 성령이 이르시되 내가 불러 시키는 일을 위하여 바나바와 사울을 따로 세우라 하시니

아무것도 염려하지 말고 기도와 간구로 구할 것을 감사함으로 아뢰라

빌 4:6-7
아무것도 염려하지 말고 다만 모든 일에 기도와 간구로, 너희 구할 것을 감사함으로 하나님께 아뢰라 그리하면 모든 지각에 뛰어난 하나님의 평강이 그리스도 예수 안에서 너희 마음과 생각을 지키시리라

우리는 평강을 원합니다. 평강은 하나님이 그리스도인에게

이미 주신 의와 희락과 평강 중의 하나로서 하나님께 의지하여 염려를 맡긴 결과로 생깁니다. 즉, 상황과 관계없이 믿고 맡긴 결과로 생깁니다.

한 성도의 남편은 직장에서 발표를 할 일이 있으면 매우 신경을 쓰는 소심한 성격이었는데 신앙생활을 하면서 평강을 갖게 되었다고 합니다. 그 사람은 이제 걱정하지 않음으로써 마음에 여유가 생겨 직장이나 가정에서 승리하고 있다고 합니다. 예수를 믿으면 많은 변화를 체험하게 되는데 그 중 하나는 평강이 늘어나는 것입니다.

평강은 한번 생기면 그 상태로 항상 머물러 있는 것이 아니라 끝없이 증가됩니다. 우리가 가진 평강은 점점 더 확장될 수 있습니다. '성령의 삶 능력의 삶'의 저자 데이브 로버슨(Dave Roberson) 목사님은 큰 평강 속에 사는 분인데, 그분을 보면 당장 지구가 어떻게 된다고 하더라도 그 평강이 없어지지 않을 것이라는 생각이 듭니다. 그 목사님은 그런 평강을 '도전적인 평강'이라고 표현했습니다. 보통 평강은 조용하고 정적인 것이라고 생각하는데, 그 목사님이 느끼는 평강은 너무 강해서 도전적이기까지 하다고 표현했습니다.

평강은 저절로 생기지 않습니다. 평강은 하나님을 알아감에 따라 부산물로 생기게 됩니다. 우리의 삶을 우리가 주관해야 한다고 생각하면 걱정하고 근심하고 애를 쓰게 되지만, 하나님께 맡기면 평강이 옵니다. 평강을 갖기 위해서는 다음과 같은 태도를 가져야 합니다.

염려하지 말고, 걱정을 거절하라

"너희 염려를 주께 맡겨라. 이는 저가 너희를 권고하심이라."(벧전 5:7)라는 말씀을 고백하십시오. 여기서 권고하심이라는 말은 돌보신다는 뜻입니다. 우리가 근심 걱정을 한다고 우리의 키를 한 자도 자라게 할 수 없습니다. 염려는 백해무익합니다. 특히 염려는 기도를 무효화 시키므로 힘써 하지 말아야 할 것입니다. 염려하지 않겠다고 작정하면 안 할 수 있습니다.

나는 염려가 많은 사람이었습니다. 그래서 염려를 내려놓으려고 노력했지만 잘 되지 않았습니다. 아무리 염려를 맡기려고 해도 안 된다는 생각이 마음에 자리를 잡고 있었습니다. 하나님께 기도할 때는 염려를 맡기지만 예배당을 나가면 그 염려를 다시 찾아오곤 했습니다.

그러던 어느 날 내 안에 염려에 대한 계시가 일어났습니다. 나는 염려에 대해 믿음으로 접근하지 않고 있음을 발견하였습니다. 내 안에 염려를 내려놓을 수 없다는 불신앙이 있음을 발견했습니다. 불신앙이 있으면 하나님께서 주신 것을 받지 못합니다. 나는 책을 읽으면서 '하나님은 할 수 없는 것을 요구하시는 분이 아니다. 하나님께서 염려를 내려놓으라고 말씀하신 것은 우리가 그렇게 할 수 있기 때문이다.'라는 것을 깨달았습니다. 그래서 나는 염려하지 않을 능력이 있다는 생각을 하면서 염려의 문제에 접근하기 시작했습니다. 그렇다고 염려가 한 번에 완전히 사라지지는 않았습니다. 그러나 '나는 이제 염려를 주께 맡길 수 있다. 하나님께서는 내가 할 수 있는 것을 요구하신다.'라는 고백을 한 지 얼마 되지 않아 염려가 주께 맡겨지고 내 마음에 평강이 생기기 시작했습니다.

나는 이제 염려를 하지 않는 체질로 바뀌었습니다. 모든 지각에 뛰어난 하나님의 평강은 우리가 이해할 수 없는 평강을 말합니다. 상황을 보면 평강이 있을 수 없는데, 그런 상황 속에서 이해할 수 없는 평강이 있는 것을 발견합니다. 이러한 평강은 우리가 염려를 맡길 때 생기며, 그 평강이 우리의 마음과 생각을 지켜준다고 성경은 말합니다. 마음(heart)은 영(spirit)적인 영역이며, 생각(mind)은 혼(soul)적인 영역입니다. 하나님의 평강은 우리의 영과 혼을 지켜줍니다.

하나님께 모든 것을 기도로 아뢰라

모든 크고 작은 문제, 걱정, 근심 등 무엇이든지 하나님께 기도로 아뢰십시오. 가장 먼저 우리는 할 수 있다는 생각을 가지고 염려하지 말아야 하며, 걱정을 거절하면서 문제를 하나님께 기도로 아뢰어야 합니다. 그렇게 하면 환경이 당신을 지배하지 못하기 때문에 악한 환경 가운데서도 하나님께 감사를 하게 됩니다.

감사로 기도하라

감사하는 기도는 응답이 나타나기 전에 감사하는 기도입니다. 믿음의 기도만이 감사할 수 있습니다(행 16:25-26 감옥에서 바울과 실라의 찬송). 여기서 감사는 응답이 되었으므로 하는 것이 아니고, 아직 문제 중에 있을지라도 하나님께서 승리하게 해주실 것을 믿고 감사하는 것입니다. 비록 지금은 상황이 나쁠지라도 앞으로 상황이 좋아지고 문제가 해결되리라고 믿고 감사해야 합니다. 믿음이 없다면 이런 감사는 할 수 없습니다. 좋지 않은 환경이 바뀌기 전에 감사를 할 수 있어야 하나님의 평강이 우리에게 머물게 됩니다.

기도하는 삶 가운데 바른 것들을 생각하라

> 빌 4:8
> 끝으로 형제들아 무엇에든지 참되며 무엇에든지 경건하며 무엇에든지 옳으며 무엇에든지 정결하며 무엇에든지 사랑 받을 만하며 무엇에든지 칭찬 받을 만하며 무슨 덕이 있든지 무슨 기림이 있든지 이것들을 생각하라

기도하는 사람은 올바른 생각을 해야 합니다. 환경을 따르다 보면 악한 편을 택할 수 있습니다. 환경은 대부분 부정적인 측면을 듣게 하고 보여줍니다. 직장, 뉴스, 연속극 등 세상의 지식은 끊임없이 우리로 하여금 좋지 않은 환경을 대면하게 합니

다. 그러나 성경은 올바른 편을 선택하라고 말씀합니다.

  기도를 할 때는 먼저 근심과 걱정을 거절한 다음에 기도제목을 하나님께 아뢰고 감사하면서 좋은 편을 생각해야 합니다. 좋은 편을 생각하는 것은 우리가 선택해야할 것이며 그렇게 할 때 평강이 유지될 수 있습니다. 우리가 근심과 걱정을 계속 가지고 있으면 평강은 사라지게 되고 그런 가운데서는 믿음의 기도를 할 수 없기 때문에 기도 응답을 기대하기 힘들게 됩니다.

> 사 26:3
> 주께서 심지가 견고한 자를 평강하고 평강하도록 지키시리니
> 이는 그가 주를 신뢰함이니이다

  당신이 좋은 편을 생각하지 아니하면 하나님의 평강이 당신의 심령을 지켜줄 수 없습니다. 평강이 지속적으로 머무는 사람은 지혜로운 사람이 됩니다. 세상 사람들은 대부분 자신이 똑똑한 줄 알지만 사실은 지혜가 부족합니다. 우리도 그런 사람들과 같은 상태에 있다면 지혜로울 수가 없습니다. 우리가 하나님의 말씀 가운데 있으면 마음이 새로워지고, 그로 말미암아 평강이 머물게 되면 사람들의 행동이 지혜롭지 못하다는 것을 깨닫게 됩니다. 지혜롭지 못한 사람은 화를 내서 일을 저지르기도 하고, 너무 염려하여 잘못된 결정을 내리기도 합니다. 하나님께 염려를 맡기고 기도하는 사람은 언제나

올바른 결정과 판단을 할 수 있습니다. 빌립보서에서 사도 바울은 염려를 버리고 구할 것을 하나님께 감사로 아뢰며 무엇이든지 좋은 편을 생각하라고 당부합니다.

케네스 해긴 목사님이 목회를 시작할 때 미국은 경제공황을 겪고 있어서 그분은 경제적으로 어렵게 살았습니다. 그러나 마지막 사역을 할 때는 재정분야에서 하나님의 넘치는 축복을 받으면서 여든이 넘은 나이에도 불구하고 왕성하게 사역을 했습니다. 매달 엄청난 수입이 있었습니다. 그분은 집회에서 받은 사례비와 책과 테이프를 판매해서 얻은 수입을 레마훈련소에 보내서 젊은 사역자들을 양성할 수 있었습니다.

그분이 초창기 경제적인 어려움을 겪으면서 목회할 때의 일화입니다. 당시 그분은 순회 집회에서 나온 헌금에 의존해서 살아야 했습니다. 한 번은 집회를 인도한 후에 당장 필요한 100불을 마련하지 못하고 집으로 돌아가고 있었습니다. 더 이상 집회는 없었습니다. 집으로 운전해 가는 중에 타이어가 달아서 소리를 내는데 마치 "너 어떻게 할래?" 하고 말하는 것 같았습니다. 많은 염려가 닥치자 그분은 "네가 어떻게 할 것이냐고 물으면 답해주겠다. 나는 집에 가서 하나님께 맡기고 푹 잘 것이다."라고 말했습니다. 그렇게 말하면서 집에 도착했는데 부인이 또 어떻게 되었냐고 물었습니다. 그분은 "잘 되었소."라고 말하고 잠을 잤습니다. 다음날 아침 전화벨이 울려서 받아보니 어느 교회에서 집회를 인도해달라고 요청을 했습니다. 그 집회에서는 성령님의 역사가 많이 일어났고 하나님께서 필요를 신실하게 채워주셨습니다. 그분은 어려운 환경 속에서도 하나님을 신뢰하며 염려를 내려놓는 믿음을 가지고 힘든 과정을 이겨냈기에 훗날 하나님께서 큰일을 맡길 일꾼으로 세우셨습니다.

우리는 염려를 내려놓는 습성을 갖도록 훈련해야 합니다. 노력하는데도 불구하고 염려가 찾아오면 염려를 가져오는 마귀를 향해 웃으십시오. 억지로라도 "하! 하! 하!" 하고 웃다보면 정말 웃음이 나옵니다. 이러한 행동은 염려를 거절하고 하나님의 말씀을 따르기로 작정하는 의지의 표현입니다. 웃다보면 어느새 성령님의 도우심으로 속사람이 강건해짐을 느낄 수 있습니다. 모든 것을 주님께 맡기고 감사함으로 아뢰며, 웃을 기분이 아니더라도 믿음을 굳게 잡고 웃다보면 대적할 힘이 생기게 됩니다. 성령님의 도우심이 우리 안에 계시기 때문에 우리가 하나님 말씀을 따라가려고 하면 성령님께서 도와주십니다. 이렇게 하면 염려의 분야에 있어서도 성령님의 도우심을 잘 받을 수 있습니다.

쉬지 말고 기도하라

살전 5:16-18
항상 기뻐하라 쉬지 말고 기도하라 범사에 감사하라 이것이 그리스도 예수 안에서 너희를 향하신 하나님의 뜻이니라 쉬지 말고 기도해야 합니다. 이 말씀은 24시간 기도만 하라는 뜻이 아니라 기도하는 삶을 살라는 뜻입니다.

권위 있는 자들을 위해 기도하라

딤전 2:1-2
그러므로 내가 첫째로 권하노니 모든 사람을 위하여 간구와 기도와 도고와 감사를 하되 임금들과 높은 지위에 있는 모든 사람을 위하여 하라 이는 우리가 모든 경건과 단정함으로 고요하고 평안한 생활을 하려 함이라

성경은 권위 있는 자들을 위해 기도하라고 권면하고 있습니다. 국정을 책임지고 있는 지도자들뿐만 아니라 직장과 교회에서도 자신의 위에 있는 권위자들을 위해 기도하라는 말씀입니다. 하나님은 우리가 평온하고 고요한 중에 신앙생활을 하기를 원하십니다. 통치자나 높은 위치에 있는 사람들이 불신자인 경우 잘못된 정책을 세우면 우리의 신앙생활이 힘들어지게 됩니다. 그래서 그들을 위해서 먼저 기도하라고 합니다. 우리가 그들을 위해 기도하면 비록 그들이 불신자라고 할지라도 하나님이 역사하실 수 있는 길을 열어주게 됩니다. 비록 지도자들이 불신자라고 할지라도 우리와 관계되는 것들은 우리의 기도로 바뀌질 수 있다는 말씀입니다.

국가의 통치자들이나 교회의 사역자들이 바른 결정을 하고

나아갈 때 우리가 그 안에서 능력 있는 신앙생활을 할 수 있습니다. 우리가 기도하면 하나님께서 환경을 변화시켜주십니다. 기도하라는 말씀은 기도하면 역사하시겠다는 약속이기도 합니다. 정치적, 사회적인 상황만을 보면 우리의 기도가 무슨 효과가 있겠느냐고 생각할 수 있지만, 우리가 기도할 때 하나님이 변화시켜주신다는 약속입니다.

예를 들어 창세기 18장(23절-32절)을 보면 소돔과 고모라 성이 멸망하게 되었을 때, 하나님은 아브라함의 기도로 말미암아 의인 열 명만 있으면 그 성들을 멸망시키지 않겠다고 약속하셨습니다. 우리가 이 땅에서 의인으로 살면서 지도자들을 위해 진실한 마음으로 기도한다면 하나님은 이 나라와 그들을 변화시켜 하나님의 뜻을 잘 감당하도록 할 것이라고 믿습니다.

거룩한 손을 높이 들고 기도하라

> 딤전 2:8
> 그러므로 각처에서 남자들이 분노와 다툼이 없이 거룩한 손을 들어 기도하기를 원하노라

특별히 남자들에게 거룩한 손을 높이 들고 기도하라고 말씀합니다. 여기서 각처란 가정, 직장, 교회 등입니다. 기도할 때 꼭 손을 들어야 되는지 궁금해 하는 분들이 있을지 모릅니

다. 손을 드는 것은 자신의 의지에 따라야 합니다. 남녀를 떠나 손을 들고 찬송하고 손을 들어 기도하면 당신의 마음이 더욱 열려서 하나님께 가까이 가는데 도움이 될 것입니다.

음식을 위해 기도하라

딤전 4:4-5
하나님께서 지으신 모든 것이 선하매 감사함으로 받으면 버릴 것이 없나니 하나님의 말씀과 기도로 거룩하여 짐이라

또, 사도 바울은 음식을 위해 기도하라고 말합니다. 그리스도인이 식사 때는 거의 율법을 따르듯이 기도를 하는데, 평소에는 기도를 잘하지 않다가 밥 먹을 때면 이런 일, 저런 일들을 모두 모아서 기도하는 경우를 보기도 합니다. 물론 우리가 감사나 축복을 하기 위해 그렇게 할 수도 있지만 음식에 대해 기도하는 본래의 이유는 우리가 먹는 음식이 말씀과 기도로 거룩해짐을 믿고 감사하는 것입니다. 즉, 하나님께서 주신 것은 모두 선한 것이므로 감사함으로 받는다고 기도하는 것입니다. 그래서 혹시 음식에 좋지 않은 것이 들어 있을지라도 우리에게 해가 되지 않고 덕이 된다고 믿고 감사하는 것입니다. 그렇다고 기도만 하면 아무거나 먹어도 된다는 뜻이 아닙니다. 우리는 성경을 통해 지혜를 얻어야 합니다. 지혜 없이 비를 맞고 다니면 감기에 걸릴 수 있습니다. 우

리는 성경의 지혜를 따라 몸에 좋은 것을 적절히 찾아 먹으면서 그 음식이 거룩해져서 자신의 몸을 이롭게 할 것이라고 믿고 기도해야 합니다.

지금까지 사도 바울의 서신서에 나타난 기도에 대한 말씀을 모두 보았습니다. 하나님께서 사도 바울을 통해 기도에 대해 하신 말씀은 무엇보다도 성령 안에서 기도하며 성령님의 인도를 받고 기도하라는 것임을 기억해야 합니다.

제 5 장

다른 사도들을 통해 하신 말씀

야고보 사도를 통해 하신 말씀

약 5:13-18
너희 중에 고난당하는 자가 있느냐 그는 기도할 것이요 즐거워하는 자가 있느냐 그는 찬송할지니라 너희 중에 병든 자가 있느냐 그는 교회의 장로들을 청할 것이요 그들은 주의 이름으로 기름을 바르며 그를 위하여 기도할지니라 믿음의 기도는 병든 자를 구원하리니 주께서 그를 일으키시리라 혹시 죄를 범하였을지라도 사하심을 받으리라 그러므로 너희 죄를 서로 고백하며 병이 낫기를 위하여 서로 기도하라 의인의 간구는 역사하는 힘이 큼이니라 엘리야는 우리와 성정이 같은 사람이로되 그가 비가 오지 않기를 간절히 기도한즉 삼 년 육 개월 동안 땅에 비가 오지 아니하고 다시 기도하니 하늘이 비를 주고 땅이 열매를 맺었느니라

고난당하는 자는 기도하라

대부분의 그리스도인들은 어려움을 당하면 기도를 잘하지 못합니다. 흔히 기도가 잘 되지 않는다고 표현합니다. 그래서 다른 사람에게 도움을 청하거나 기도를 부탁하는 경향이 있

습니다. 그러나 성경에는 고난당하면 남에게 기도를 부탁하라는 말씀은 어디에도 없습니다. 야고보서에서는 고난당하는 자가 기도하라고 되어 있습니다. 물론, 고난당한 사람을 위해 다른 사람이 중보로 도와주는 기도는 할 수 있지만 본인의 기도가 가장 중요합니다. 인생의 시험, 시련, 폭풍을 만났을 때 우리는 스스로 기도해야 합니다.

즐거워하는 자는 찬송하라

즐겁고 기쁜 일이 있을 때는 하나님께 나아가 찬송하고 경배하라고 성경은 말합니다.

아픈 사람들은 교회의 장로들을 청하여 기도하라

야고보 사도가 말씀을 전할 때는 복음을 전한지 몇 년 되지 않은 상태였습니다. 여기서 장로란 영적으로 가장 성숙한 사람이거나 연장자, 혹은 지역교회의 목사를 말합니다. 야고보 사도를 통해 하나님은 그들을 불러서 기도하라고 말씀합니다. 그리고 죄를 짓고 회개하지 않은 경우에는 기도만 받는다고 해서 병이 낫지 않을 수 있음을 암시합니다.

여기서 병든 자란 교회에 올 수 없을 정도로 아픈 사람들이라고 볼 수 있습니다. 교회에 갈 수 있을 정도의 상태라면 교회에 가서 기도를 받는 것이 좋습니다. 병든 자가 스스로 병을 대적하며 기도를 받으면 나을 것이라는 믿음을 가지고 와서 치유를 받는 것이 중요합니다. 우리는 치유받기만을 원하지만 더욱 중요한 것은 병을 치유받으면서 예수님을 알게 되는 것이며, 그 결과 영적으로 더욱 성장하여 신앙생활을 잘하는 것이 하나님께서 원하시는 것입니다. 잠시 받는 가벼운 환난이 우리를 위하여 훨씬 뛰어난 영원한 영광의 중한 것을 이루어가기 때문입니다(고후 4:17). 가능하면 교회에서 치료를 받도록 하는 것은 병든 자가 치유받은 후에 신앙생활을 잘 할 수 있도록 하는데 도움이 됩니다.

의인의 열렬한 기도는 역사하는 힘이 크다

고린도후서에서는 "하나님이 죄를 알지도 못하신 이를 우리를 대신하여 죄로 삼으신 것은 우리로 하여금 그 안에서 하나님의 의가 되게 하려 하심이라"(고후 5:21)고 말씀합니다. 거듭난 우리는 그리스도 예수 안에서 모두 의인임을 알아야 합니다. 그래서 우리는 언제든지 예수님의 보혈로 하나님의 은혜의 보좌 앞에 담대히 나아갈 수 있게 되었습니다.

또, 히브리서에서는 "그러므로 우리는 긍휼하심을 받고 때를 따라 돕는 은혜를 얻기 위하여 은혜의 보좌 앞에 담대히 나아갈 것이니라"(히 4:16)고 말씀합니다. 우리는 자신이 의인임을 알고 담대히 하나님 앞에 나가야 합니다. 어떤 사람들은 자기의 의(믿음으로 말미암은 의가 아닌 행위에 의한 의)

에 대한 의식이 너무 강해서 남보다 경건한 삶을 살고 있음에도 불구하고 스스로는 의롭지 못하다고 생각하여 하나님 앞에 담대히 나가지 못하는 경우도 있습니다.

한 목사님의 사역 경험을 들어보면, 어떤 사람은 상대적으로 덜 경건하게 사는 것같이 보여도 기도 응답을 잘 받고, 어떤 사람은 경건해 보이는데도 기도 응답을 잘 받지 못하는 경우를 보는데, 후자의 경우는 자기의 행위로 말미암아 무엇을 받으려고 하는 반면, 전자의 경우는 자기의 연약함을 인정하고 잘못을 바로 회개하고 잊어버리며 하나님께 담대히 나아간다는 사실을 발견했다고 합니다. 우리가 그리스도 안에서 의인이라는 인식을 가지고 하나님께 담대히 나아갈 때 기도의 힘은 더욱 커진다고 확신합니다.

베드로 사도를 통해 하신 말씀

기도 응답이 방해 받지 않게 하라

> 벧전 3:7
> 남편들아 이와 같이 지식을 따라 너희 아내와 동거하고 그를 더 연약한 그릇이요 또 생명의 은혜를 함께 이어받을 자로 알아 귀히 여기라 이는 너희 기도가 막히지 아니하게 하려 함이라

벧전 3:12
주의 눈은 의인을 향하시고 그의 귀는 의인의 간구에 기울이시
되 주의 얼굴은 악행하는 자들을 대적하시느니라 하였느니라

베드로 사도는 부부간의 사이가 좋지 않을 때는 기도가 방해를 받는다고 말했습니다. 그리고 하나님께서는 의인의 간구에 귀를 기울이신다고 말합니다. 우리가 하나님의 뜻 안에서 올바르게 살 때, 기도 응답의 역사가 더 많이 일어날 것을 믿습니다.

마지막 때에 정신을 차리고 깨어 기도하라

벧전 4:7
만물의 마지막이 가까이 왔으니 그러므로 너희는 정신을 차리고 근신하여 기도하라

마지막 때에는 기도를 많이 해야 합니다. 영국이나 유럽의 교회가 생명력을 잃어가고 있는 현상은 기도가 줄어든 것과 관련이 있습니다. 기도가 없어지고 혼적인 영역에서만 신앙생활을 하면 교회는 계속 약해집니다. 항상 기도를 하면서 하나님께 자신을 내어드리는 삶을 살아야 합니다. 마가복음에서 예수님께서 "주의하라 깨어 있으라. 그 때가 언제인지 알지 못함이라"(막 13:33)고 하신 점을 기억하고 마지막 때에 정신을 차리고 기도에 힘써야 합니다.

요한 사도를 통해 하신 말씀

하나님의 뜻대로 구하면 응답받는다

요일 5:14-15
그를 향하여 우리가 가진 바 담대함이 이것이니 그의 뜻대로 무엇을 구하면 들으심이라 우리가 무엇이든지 구하는 바를 들으시는 줄을 안즉 우리가 그에게 구한 그것을 얻은 줄을 또한 아느니라

주님은 요한 사도를 통해서 하나님의 뜻대로 구하면 들어주신다고 했습니다. 하나님의 뜻은 곧, 하나님의 말씀입니다.

죄 짓는 형제라도 기도하면 구원해주신다

요일 5:16
누구든지 형제가 사망에 이르지 아니하는 죄 범하는 것을 보거든 구하라 그리하면 사망에 이르지 아니하는 범죄자들을 위하여 그에게 생명을 주시리라 사망에 이르는 죄가 있으니 이에 관하여 나는 구하라 하지 않노라

하나님은 말씀을 반드시 지키시는 신실하신 분입니다. 마귀에 끌려 다니는 불신자라고 할지라도 하나님께서 구원해 주실 것을 믿고 중보기도를 하면 그들도 구원을 받게 됩니다.

예수님은 실로암 망대가 무너진 사건과 포도원지기의 비유를 통해 중보기도에 대해 말씀하셨습니다(눅 13:1-9). 불신자에 대한 중보기도는 매우 중요합니다. 중보기도는 습관적으로만 할 것이 아니라, 기도를 통해 불신자가 구원받게 된다는 믿음을 갖고 해야 합니다.

사망에 이르는 죄지은 자를 위해 기도하지 말라

사망에 이른 죄를 지은 형제들에 대해서는 기도하지 말라고 했습니다. 신약성경에는 기도하지 말라는 구절이 단 한 번 나옵니다.

히브리서에는 "한 번 빛을 받고 하늘의 은사를 맛보고 성령에 참여한 바 되고, 하나님의 선한 말씀과 내세의 능력을 맛보고도 타락한 자들은 다시 새롭게 하여 회개하게 할 수 없나니, 이는 그들이 하나님의 아들을 다시 십자가에 못 박아 드러내 놓고 욕되게 함이라"(히 6:4-6)라고 말씀합니다. 즉, 사망에 이르는 죄는 우리가 기도해도 소용없다고 말씀합니다.

사망에 이르는 죄를 지은 사람은 첫째, 한번 깨우침을 받고 구세주를 영접하고, 둘째, 그리스도를 알았고 하늘의 선물인 거듭남을 체험하고, 셋째, 성령 충만함을 받고, 넷째, 영적으로 우유와 같은 하나님의 말씀을 먹어야 하는 영적 갓난아이나 어린아이를 벗어난 상태에서, 다섯째, 성령의 은사나 그들의 삶이나 사역에서 내세의 능력을 맛보고도 고의적으로 돌아서서 그리스도를 부인하거나 떠난 사람을 말합니다(히 6:4-6, 히 10:26-29).

이런 사람들은 영적으로 어린아이도 아니어서 충분히 분별할 수 있는 데도 불구하고 고의적으로 하나님을 떠났기 때문에 다시 구원받을 수 없다고 말씀합니다. 이런 사람은 하나님이 버렸다고 하기보다는, 이미 사단에 너무 강하게 매임을 받아서 돌아올 수 없는 상태에 빠진 것으로 이해해야 할 것입니다.

모든 분야에 형통하기를 기도하라

> 요삼 2
> 사랑하는 자여 네 영혼(soul)이 잘됨 같이 네가 범사에 잘되고 강건하기를 내가 간구하노라

요한 사도는 혼적인 영역이 하나님의 말씀을 따라 새롭게 되어 모든 분야에서 형통하며, 아울러 육신도 건강하게 되기를 기도하였습니다.

우리도 우리 자신이나 다른 사람을 위해 기도할 때는 먼저 혼적인 영역이 변화되기를 기도하며, 이를 통해 모든 분야가 형통하게 되기를 기도해야 합니다.

유다 사도를 통해 하신 말씀

성령 안에서 기도하므로 믿음 위에 자신을 세우라

> 유 20
> 사랑하는 자들아 너희는 너희의 지극히 거룩한 믿음 위에 자신을 세우며 성령으로 기도하며

유다서에서는 성령으로 기도함으로써 거룩한 믿음 위에 자신을 세우라고 말합니다. 말이나 방언으로 성령 안에서 하는 기도는 우리의 믿음을 강건하게 합니다. 고린도전서에서는 같은 의미로 "방언을 말하는 자는 자기의 덕을 세운다"(고전 14:4)고 말합니다.

간절한 기도란 무엇인가?

지금까지 사도 바울에 이어서 다른 사도들을 통해 하나님께서 기도에 대해 하신 말씀을 모두 살펴보았습니다. 이제 부연 설명으로 야고보 사도가 말한 간절한 기도(약 5:17)에 대해 이야기하겠습니다. 간절한 기도란 영적으로 강건한 기도, 기도의 목표를 위해 헌신하는 기도, 승리의 응답을 받을 때까지 꾸준히 하는 기도를 말합니다.

자기 자신을 위한 간절한 기도의 예

소경 바디메오는 예수님을 보자 "다윗의 자손 예수여, 나를 불쌍히 여기소서."라고 말하면서 예수님께 다가가는 간절함을 보였습니다(막 10:46-52).

혈루병을 앓은 여인으로부터 12년 동안 모든 것을 소진한 상태에서 예수님의 옷자락에 손이 닿기만 한다면 나을 것이라는 믿음과 마지막 소망을 붙들고 군중을 뚫고 다가가는 사투와 같은 간절함을 볼 수 있습니다(눅 8:43).

수로보니게 여인은 예수님의 발아래 엎드려 어린 딸에게서 귀신을 쫓아내주기를 간구합니다. 자녀의 먹을 것을 개에게 주지 않는다는 주님의 말씀을 듣고도 끝까지 간구하여 응답을 받습니다(막 7:26).

야곱은 브니엘에서 밤새도록 씨름을 하여 허벅지 관절이 어긋났지만 축복해주지 않으면 보내지 않겠다고 하여 결국 이스라엘이 되었습니다(창 32:9-13, 22-30).

예수님의 겟세마네 기도는 땀이 땅에 떨어지는 핏방울과 같이 되도록 한 간절한 기도입니다(눅 22:39-46, 마 26:36-39, 막 14:32-42).

남을 위한 간절한 기도의 예

아브라함이 롯을 위한 기도(창 18:22-23), 모세가 아멜렉과의 전투에서 이스라엘의 승리를 위해 팔을 들고 있었던 기도(출 17:8-14), 엘리야가 하늘에서 불이 내리도록 했던 기도(왕상 18장), 이사야가 앗수르 왕 산헤립을 물리치기 위해 히스기야를 위해 했던 기도(대하 32:20-21)는 남을 위한 간절한 기도의 예입니다.

간절한 기도의 내용

간절한 기도의 내용에는 하나님의 뜻이 지연되는 것을 위한 기도, 죄의 올무에 걸려 자신을 위하여 기도할 수 없는 사람들을 위한 기도, 교회의 성장을 위한 기도 등이 있습니다.

부흥이 있는 교회에는 부흥이 있기 전에 항상 간절한 기도가 있었습니다. 하나님은 모든 교회에 부흥을 원하시지만 방해하는 세력이 있음을 알아야 합니다. 똑같은 사람이 집회를 해도 어떤 곳에서는 역사가 쉽게 일어나고, 어떤 곳에서는 잘 일어나지 않은 경우를 봅니다. 사단의 역사가 지역에 따라 다르기 때문입니다. 이러한 사단의 방해를 뚫기 위해서는 강력하고 간절한 기도가 있어야 합니다. 간절한 기도를 통하여 사단의 진을 무너뜨릴 때 비로소 부흥이 일어납니다.

간절한 기도 응답에 소요되는 시간

성경을 통해 보면, 간절한 기도에 대한 응답은 즉시 나타나기도 하고 시간이 걸린 경우도 있습니다. 그러나 응답 받기까지 걸리는 시간보다는 응답을 받을 때까지 믿음으로 승리하는 태도를 갖는 것이 더욱 중요합니다.

즉시 응답을 받은 예는 모세의 여동생 미디안이 문둥병이 생겼을 때 기도하자마자 치료된 사건(민 12:13), 갈멜산 엘리야의 기도에서 볼 수 있습니다. 엘리야처럼 항상 기도의 삶을 사는 사람의 간절한 기도는 빨리 응답을 받을 수 있습니다. 기도하는 사람의 믿음에 따라, 또는 사단의 역사가 얼마나 강한가에 따라 기도 응답에 소요되는 시간이 다를 수 있습니다.

간절한 기도 응답에 시간이 걸리는 또 다른 이유는 하나님만이 영적 전쟁과 기도 응답을 통해 그의 왕국에 전략적인 유익을 초래할 줄 아시기 때문입니다. 때로는 지연되는 편이 우리가 더 정비되고 강한 군사가 되게 하는 축복이 되기 때문입니다. 성경을 보면 기도 응답이 지연되는 원인이 다음과 같습니다.

첫째, 하나님은 기도하는 사람의 소원의 깊이를 측정하실 수 있습니다. 예레미야서에서 "전심으로 하나님을 찾을 때 하나님을 만날 것이다"(렘 29:13)라고 말했습니다.

둘째, 하나님은 겸손을 확인할 수 있습니다. 기도하다 보면 개인의 명성이나 영광을 구하는 경우가 있습니다. 우리가 기도할 때 육신적인 부분 즉, 자아를 내려놓으면 기도 응답을 빨리 받을 수 있습니다. 앞에서 예를 보았듯이, 수로보니게 여인에 대한 예수님의 말씀은 자존심을 상하게 할 수 있었습니다. 그럼에도 불구하고 수로보니게 여인은 자아를 내려놓고 예수님의 은총을 기다렸습니다. 그래서 예수님은 "네가 그렇게 말하므로, 네 딸의 병이 나았다."(막 5:21-28)고 말씀하셨고 그 여자의 간절한 기도가 응답을 받았습니다. 또 예수님이 부자에게 "너의 소유를 모두 팔아 가난한 자들에게 주고 나를 따라오라."(막 10:17-31)고 말씀하셨습니다. 이 말씀은 모든 사람들에게 소유를 다 버리고 따르라는 말씀이 아니라 예수님이 그 부자가 영적으로 매여 있는 부분을 보시고 그것을 해결해주시려고 하셨던 것입니다.

셋째, 하나님은 동기가 순수해질 때까지 기다리실 수 있습니다. 야고보서는 "구하여도 받지 못함은 정욕으로 쓰려고 잘못 구하기 때문이라"(약 4:3)라고 말하고 있습니다.

넷째, 사단의 개입이 있기 때문입니다. 우리가 부흥을 위해 기도할 때, 사단이 자기의 땅을 빼앗기지 않으려고 발버둥치는 경우입니다. 그러나 예수님은 겟세마네에서 간절한 기도로 사단을 이기셨고 사단은 패망했습니다. 예수님은 십자가에 달리기 전에 이미 사단과의 전쟁을 승리로 끝내셨습니다.

간절한 기도의 응답 방법

기도의 응답은 실제적인 응답으로 바로 확인할 수도 있지만 믿음, 확신, 안식을 느낌으로 깨달을 수 있고, 계시, 환상을 통해 메시지를 받을 수 있으며, 영적 직감으로도 알 수 있습니다.

간절한 기도의 실제

나는 이러한 간절한 기도를 '쳐내려가는 기도'라고 표현합니다. 왜냐하면 문제를 붙잡고 끝장을 내므로 그 기도제목은 더 이상 존재하지 않게 되기 때문입니다. 예전에는 여러 가지 기도제목을 한꺼번에 놓고 순서대로 기도를 했습니다. 그러다가 기도제목 중 빠뜨린 것이 있으면 그것을 다시 기도해야 안심을 하곤 했었습니다. 그러나 간절한 기도에 대해 깨우치면서부터는 가장 간절한 기도제목부터 하나씩 가지를 치듯 쳐내려가는 기도를 하기 시작했습니다. 이렇게 하면서부터 기도 응답을 받은 횟수가 점점 많아져갔고, 기도는 반드시 내 안에 응답을 받는다는 확신을 갖게 되었습니다. 이렇게 기도를 하면서부터 나의 기도생활은 크게 바뀌었습니다.

간절한 기도를 할 때는 하나님은 원하시지 않는데 우리가 원하므로 기도하고 있지 않는지 확인해야 합니다. 또, 자신이 생각한 특별한 방법으로 기도 응답을 받으려고 하지 말아야 합니다. 예를 들어, 하나님의 뜻이면 특별한 방법으로 나타내 보여 달라고 하는 기도는 올바르지 않습니다. 기드온의 양털(삿 6:36-40)과 같은 기도는 신약시대의 성도들에게 적절하지 않습니다.

제 6 장

응답받는 기도의 7단계

우리는 앞에서 적극적 접근방법의 기도와 소극적 접근 방법의 기도를 구분해보고, 각종 기도에 대한 목적과 성경에 나타난 사례를 보았습니다. 기도는 하나님을 바꾸는 것이 아니라, 우리 자신이 바뀌는 것이므로 적극적 접근방법의 기도가 더욱 많이 필요합니다. 즉, 경배기도를 통해 하나님의 임재를 체험하면서 자신이 바뀌도록 하고, 방언기도를 통하여 속사람의 능력을 강건케 하며, 말씀고백기도를 통하여 우리의 잘못된 생각을 바꾸어서 하나님께서 주신 것들을 받을 수 있는 자리에 가있도록 해야 합니다. 또, 육신보다 영이 자신을 주장하도록 하는 금식기도는 적극적 접근방법의 기도들입니다.

한편, 문제가 발생한 이후에 문제를 해결하려고 하는 기도는 소극적 접근방법의 기도입니다. 이렇게 기도를 적극적이라거나 소극적이라고 구분하는 이유는 우리가 기도란 문제가 있을 때 한다고 생각하는 체질을 바꾸기 위한 것입니다. 우리는 적극적 접근방법의 기도를 통해 먼저 우리 자신을 바꿈으로서 기도 응답을 더욱 효과적으로 받을 수 있도록 해야합니다. 적극적 접근방법의 기도는 더욱 효과적으로 응답 받을 수 있는 기도이며, 이러한 기도는 문제가 있을 때 뿐만 아니라 항상 삶 가운데 있도록 할 때 형통한 삶을 살 수 있습니다.

신약시대에서 하나님은 이미 우리의 아버지가 되셨으며 그리스도 예수 안에서 모든 축복을 예비하셨습니다. 우리가 원하는 것을 받지 못하는 이유는 하나님이 주시지 않아서가 아니라, 우리가 하나님의 약속과 영적 원리 안에 들어가지 못함으로써 응답받을 수 있는 자리에 있지 않기 때문입니다. 그러므로 우리가 기도를 통해 해야 할 일은 하나님을 움직이는 것이 아니라 우리 자신이 변하는 것입니다.

지금부터 다룰 '응답받는 기도의 7 단계'[2] 는 우리의 필요를 구하는 간구의 기도에 적용됩니다. 간구의 기도는 믿음의 기도여야 하며 하나님의 말씀에 의지하여 해야 합니다.

예수님은 하나님 뜻대로 구하면 주신다고 했습니다. 따라서 응답을 받기 위한 핵심적인 요소는 첫째, 하나님의 뜻대로 구하고, 둘째, 구한 것은 받은 줄로 믿고 의심치 않아야 합니다.

요 15:7
너희가 내 안에 거하고 내 말이 너희 안에 거하면 무엇이든지 원하는 대로 구하라 그리하면 이루리라

---

[2] 케네스 해긴「기도의 기술(The Art of Prayer)」(2000년, 믿음의말씀사) 에서 제시

우리는 예수를 영접하여 그리스도 안에 있기 때문에 주님 안에 거하고 있습니다. 이제 하나님의 말씀에 따라 구하면 첫째 조건이 충족됩니다.

> 막 11:23
> 내가 진실로 너희에게 이르노니 누구든지 이 산더러 들리어 바다에 던져지라 하며 그 말하는 것이 이루어질 줄 믿고 마음에 의심하지 아니하면 그대로 되리라

기도한 것이 이루어질 줄 믿고 의심치 않는 것이 간구의 기도에서 꼭 필요한 두 번째 조건입니다. 기도해 놓고 '되면 좋고, 안 되면 할 수 없다'고 생각한다면 기도 응답은 보장될 수 없습니다. 의심하는 자는 아무 것도 주께 받기를 기대하지 말라고 야고보 사도는 말했습니다(약 1:7). 기도 응답에 대한 하나님의 원칙이 그렇기 때문입니다. 기도한 것은 반드시 받은 줄로 믿고 의심치 않는 것이 기도 응답의 열쇠입니다. 다음은 간구의 기도를 응답받기 위한 일곱 가지 단계입니다.

1 단계
무엇을 기도할지 결정하라

간구의 기도를 할 때 첫 번째 단계는 하나님께 무엇을 얻고 싶은지를 분명히 결정하는 것입니다. 우리에게 어려움이 생기

므로 하나님께 횡설수설 여러 가지를 간청할 수 있지만, 기도는 하면 반드시 응답되는 것이기 때문에 기도에서 가장 먼저 해야 할 일은 무엇을 간절히 원하는지를 확인해야 합니다.

혼적인 영역 즉, 머릿속에 복잡하고 급한 기도제목이 많을지라도 조용히 앉아서 자신의 심령 가운데 가장 부담이 되고, 가장 해결되어야 할 문제가 무엇인지를 찾아내야 합니다. 심령에 품고 있는 문제를 찾아내야 합니다. 우리가 머릿속으로는 어떤 일이 급한 것 같은데, 기도를 하다보면 다른 기도를 하는 경우가 있습니다. 이런 경우는 우리 안에 있는 영이 생각하는 것과 머리로 생각하는 것이 서로 다르기 때문입니다. 우리의 혼 즉, 생각은 세상의 영향을 받고 있기 때문에 우리의 심령을 들여다보고 가장 간절한 것이 무엇인지를 확인해야 합니다.

기도해야 할 것을 분명히 하지 않으면, 교회에 와서 철야기도나 새벽기도를 한다고 할지라도 마치 우리가 무엇을 살 것인지를 결정하지 않고 쇼핑을 하러 가는 것과 다를 바가 없습니다. 뭔가 필요한 것이 있는 것 같은데 무엇이 필요한지를 모르고 쇼핑을 가서 이곳저곳을 돌아보고 다니는 것과 같습니다. 우리가 경배기도를 할 때는 특별한 기도제목이 없어도 되지만, 간구를 하기 위해 하나님께 나아갈 때는 무엇을 기도할지 분명히 정해야 합니다.

주님은 무엇이든지 원하는 대로 구하라고 하셨습니다. 그래서 하나님의 말씀에 있는 것이라면 원하는 것은 무엇이든지 구할 수 있습니다.

요 15:7
너희가 내 안에 거하고 내 말이 너희 안에 거하면 무엇이든지 원하는 대로 구하라 그리하면 이루리라

막 11:23
내가 진실로 너희에게 이르노니 누구든지 이 산더러 들리어 바다에 던져지라 하며 그 말하는 것이 이루어질 줄 믿고 마음에 의심하지 아니하면 그대로 되리라

그렇다면 자신이 원하는 바가 하나님의 뜻인지 어떻게 알 수 있을까요? 하나님의 말씀은 모두 하나님의 뜻입니다. 성경에서 하나님이 하신 약속, 그리고 성경에 구체적으로 명시되어 있지 않아도 아버지의 마음으로 볼 때 자녀에게 주고 싶은 것인지를 생각하면 하나님의 뜻을 어렵지 않게 분별할 수 있습니다.

2 단계
기도제목에 해당하는 약속을 찾아라

많은 그리스도인들이 무조건 자신이 원하는 것부터 기도하는 경향이 있습니다. 기도의 체질이 구약시대 성도들과 비슷하기 때문입니다. 뭔가 많은 말을 하고 하나님을 졸라서 하나님을 감동시키면 응답받을 것이라고 생각하기 때문입니다.

그래서 무엇을 달라는 기도를 많이 합니다. 그러나 그런 기도로 시간을 보내기 보다는 성경에 있는 하나님의 약속을 찾아서 왜 자신이 원하는 것을 받을 수밖에 없는지를 깨우치는데 많은 시간을 할애해야 합니다. 그래야 효과적인 기도를 할 수 있습니다. 하나님의 말씀에 자신이 완전히 설득된다면 단 한 번의 기도로도 족히 응답을 받을 수 있습니다. 따라서 무엇보다도 기도제목과 관련된 성경구절을 찾아 묵상하는데 많은 시간을 보내야 합니다.

신앙생활을 많이 한 사람이라면 기도제목과 관련된 약속의 말씀을 잘 찾을 수 있겠지만, 초신자는 어떤 말씀을 붙잡아야 할지 궁금해 합니다. 그런 분들을 위해서 이 책의 부록에 평소 우리가 많이 하는 기도제목들에 대한 하나님의 말씀들을 정리해 두었습니다. 예를 들어, 치유에 대한 성경구절을 보면서 꼭 모든 구절을 다 묵상할 필요는 없습니다. 그 말씀들 중에서 가장 잘 이해되고 자신을 감동시키는 서너 가지의 말씀을 골라 묵상하십시오. 그래서 그 말씀으로 자신을 설득시키고 그 말씀이 자신의 일부가 되도록 하십시오. 이것은 하나님의 말씀이므로 그대로 될 수밖에 없다는 생각이 심령에 새겨질 때까지 지속적으로 묵상하십시오. 묵상이란 말씀을 곰곰이 생각하는 것 뿐아니라, '작은 소리로 읊조리는 것'을 말합니다. 만일, 자신의 기도제목과 관련된 성경구절을 이 책에서 찾지 못하면, 셀 리더나 사역자들에게 도움을 받으십시오.

기도하기만 하면 어느 날 하나님이 원하는 것을 뚝 떨어뜨려 줄 것으로 착각할 수 있습니다. 시편 1편에서 "하나님의 말씀을 즐거워하며 주야로 묵상하는 사람은 하는 일마다 복을 받는다."라고 했듯이, 우리는 말씀을 통해 올바른 결정을 하고, 바르게 인도 받고, 지혜로운 행동을 함으로써 축복 받을 수 있는 위치에 있게 됩니다. 기도하면 하나님께서 응답하신다고 했으므로, 단번에 하나님께서 원하는 것을 뚝 떨어뜨려 주신다는 생각은 빨리 교정해야합니다. 하나님이 그렇게 역사하시는 경우도 있습니다. 그러나 대부분의 경우 우리가 말씀을 바탕으로 기도를 하면 진리를 깨달게 되고, 또 지혜를 받아서 올바른 결정을 하므로 모든 일에 형통하는 결과를 갖게 됩니다. 이것이 하나님이 역사하시는 원리입니다.

수 1:8
이 율법책을 네 입에서 떠나지 말게 하며 주야로 그것을 묵상하여 그 안에 기록된 대로 다 지켜 행하라 그리하면 네 길이 평탄하게 될 것이며 네가 형통하리라

여기서 '묵상'이란 머리로 생각하는 것이 아니라, 작은 소리로 읊조린다는 뜻입니다. 어떤 번역본에서는 이 성경구절을 "그러므로 네가 일을 지혜롭게 다룰 수 있는 능력을 갖게 될 것이다."라고 번역하고 있습니다. 우리가 하나님의 말씀을 묵상하고 말씀대로 생각을 바꾸면, 우리 안에 심겨진 하나님의 말씀대로 말하고, 생각하고, 행동하는 사람이 되어 모든 일을 지혜롭게 할 수 있는 능력을 갖게 됩니다. 그러므

로 기도제목과 관련된 성경구절을 찾아 묵상하는 것은 기도 응답을 받는데 대단히 중요한 일입니다.

> 롬 10:17
> 그러므로 믿음은 들음에서 나며 들음은 그리스도의 말씀으로 말미암았느니라

기도 응답을 받기 위해서는 '하나님 뜻대로 구하고, 받은 줄로 믿고 의심치 않는 것'이라고 했습니다. 그러므로 기도 응답의 열쇠는 '믿는 것'인데 믿음은 말씀을 들음으로써 생기는 것입니다. 말씀에 설득되는 만큼 믿음을 발휘할 수 있습니다.

기도를 방해하는 사단의 공격을 능히 이기기 위해서는 말씀을 머릿속이 아닌 심령에 확고히 심어야 합니다. 그렇게 할 때 하나님을 의심케 하고 하나님이 주시는 것을 빼앗으려는 마귀를 그 말씀으로 대적하여 이길 수 있습니다.

3 단계
원하는 것을 하나님께 구하라

세 번째는 원하는 것을 하나님께 구하는 단계입니다. 하나님은 우리의 필요를 모두 아시지만, 우리가 원하는 것을 직접 하나님께 구하도록 하는 것이 하나님의 계획입니다. 이에 대해 성경은 다음과 같이 말씀하십니다.

마 7:7-8
구하라 그리하면 너희에게 주실 것이요 찾으라 그리하면 찾아낼 것이요 문을 두드리라 그리하면 너희에게 열릴 것이니 구하는 이마다 받을 것이요 찾는 이는 찾아낼 것이요 두드리는 이에게는 열릴 것이니라

하나님께서 약속하신 것을 얻기 위해서는 항상 우리가 먼저 하나님께 나아가야 합니다. 주님은 참으로 주기를 원하시지만, 우리가 먼저 시도를 해야 도와주실 수 있습니다. 구약은 신약의 모형이며 그림자입니다. 예수님이 오실 것과 예수 믿고 살아가는 사람들에 대한 모형이며 그림자입니다.

애굽에서 홍해를 건너온 이스라엘 민족에게 가나안 땅이 주어졌습니다. 하나님께서는 가나안 땅을 이미 그들에게 주셨습니다. 그러나 그 땅에 들어가는 것은 이스라엘 사람들이 해야 할 일입니다. 여호수아에게 하나님이 말씀하시면서 "네가 발로 밟는 땅을 주겠다"(수 1:3)고 하셨습니다. 발로 밟는 일은 우리가 해야 할 일이며, 하나님은 우리가 발로 밟을 때 그 땅을 주신다고 약속하셨습니다.

하나님이 이미 주신 축복이라고 할지라도 그것을 취하기 위해서는 우리가 먼저 시작해야 합니다. 하나님이 치유든 부요든 많은 축복을 주셨지만, 우리가 발을 옮기지 않으면 구원받은 성도라고 할지라도 하나님이 약속하신 삶을 살 수 없습니다.

요 16:23-24
그 날에는 너희가 아무 것도 내게 묻지 아니하리라 내가 진실로 진실로 너희에게 이르노니 너희가 무엇이든지 아버지께 구하는 것을 내 이름으로 주시리라 지금까지는 너희가 내 이름으로 아무 것도 구하지 아니하였으나 구하라 그리하면 받으리니 너희 기쁨이 충만하리라

요한복은 16장의 말씀은 예수님이 십자가에 달리실 날이 가까워지자 제자들에게 하신 말씀입니다. 예수님은 "지금까지는 너희들이 내 이름으로 아무 것도 구하지 않았지만, 내가 하늘나라에 가게 되면 너희들이 내 이름을 사용할 권세를 받게 된다. 그러므로 내 이름으로 구하면 주실 것이다."라고 말씀하셨습니다. 우리가 구함으로써 우리의 기쁨이 충만해지는 것이 하나님의 뜻입니다.

4 단계
구한 것은 받은 줄로 믿어라

하나님께 구한 것은 받은 줄로 믿어야 합니다. 구한 것에 대해서는 주위 환경을 바라보지 않는 확고한 믿음을 발전시켜야 합니다. 우리는 심령 안에서 믿고 구하지만, 곧바로 이것을 방해하는 각종 정보를 접하게 됩니다. 뉴스나 사람들과의 대화를 통해서 우리가 붙잡고 있는 믿음과는 반대되는 정

보들로부터 공격을 받게 됩니다. 그래서 4 단계는 그러한 사단의 공격 가운데 구한 것은 받은 줄로 믿는 확고한 믿음을 발전시키는 단계입니다.

막 11:23-24
내가 진실로 너희에게 이르노니 누구든지 이 산더러 들리어 바다에 던져지라 하며 그 말하는 것이 이루어질 줄 믿고 마음에 의심하지 아니하면 그대로 되리라 그러므로 내가 너희에게 말하노니 무엇이든지 기도하고 구한 것은 받은 줄로 믿으라 그리하면 너희에게 그대로 되리라

간구의 기도는 기도하고 받은 줄로 믿을 때 응답받을 수 있습니다. 야고보서에서도 똑같은 원리를 이야기합니다. 하나님께 지혜를 구하면 주신다고 하는 말씀도 같은 원리입니다.

약 1:5-8
너희 중에 누구든지 지혜가 부족하거든 모든 사람에게 후히 주시고 꾸짖지 아니하시는 하나님께 구하라 그리하면 주시리라 오직 믿음으로 구하고 조금도 의심하지 말라 의심하는 자는 마치 바람에 밀려 요동하는 바다 물결 같으니 이런 사람은 무엇이든지 주께 얻기를 생각하지 말라 두 마음을 품어 모든 일에 정함이 없는 자로다

우리가 지혜를 주시라고 기도하고 받은 줄로 믿었다면 우리 안에는 지혜가 있는 것입니다. 따라서 우리가 기도한 후에

는 우리 안에 지혜가 있음을 믿어야 합니다. 그런데 막상 행동을 할 때는 자신에게 지혜가 있음을 믿지 못하고 지혜가 전혀 없는 사람처럼 행동한다면 이 기도에 대한 응답은 기대할 수 없습니다.

사람들은 '사단에게 기도를 뺏겼다', '사단이 기도를 낚아채갔다'라는 표현을 종종 사용합니다. 이 말은 사단이 기도를 중간에 낚아채갔다는 것이 아니라, 자신에게 잘못된 생각을 집어넣음으로써 기도한 것을 의심하며 불신하므로 응답이 실재로 나타나지 못하는 경우를 말합니다. 사단은 의심의 화살로 공격합니다. 사단은 부정적인 환경을 바라보게 하여 하나님 말씀이 이루어지지 않을 것이라는 의심을 갖게 합니다.

딤전 6:12
믿음의 선한 싸움을 싸우라 영생을 취하라 이를 위하여 네가 부르심을 받았고 많은 증인 앞에서 선한 증언을 하였도다

그래서 성경은 믿음의 선한 싸움을 싸우라고 말합니다. 예수님은 마귀를 무장해제 시키고 하나님의 보좌 우편 권세의 자리에 앉아 계시면서 우리에게 권세를 위임해주셨습니다. 영적 싸움이란 마귀와 직접 싸우는 것이 아니라, 하나님이 예수 그리스도를 통해서 우리에게 이미 주신 승리를 우리가 차지하지 못하도록 속이는 사단의 공격을 방어하는 것입니다. 마귀와의 싸움은 이미 예수님이 끝냈습니다. 그래서 성경은 믿음의 선한

싸움을 싸우라고 말합니다. 이제 우리는 마귀와 직접 싸우는 것이 아니라 믿음의 싸움을 하는 것입니다.

믿음의 싸움을 할 때 우리를 가장 힘들게 하는 사단의 강력한 무기는 감각적 지식입니다. 우리는 하나님의 말씀 가운데 계시된 지식을 우리의 것이라고 주장하지만, 사단은 보이고, 들리고, 느껴지는 감각적 지식으로 우리를 끊임없이 공격합니다.

엡 1:3
찬송하리로다 하나님 곧 우리 주 예수 그리스도의 아버지께서 그리스도 안에서 하늘에 속한 모든 신령한 복을 우리에게 주시되

에베소서를 보면, 하나님은 이미 우리에게 모든 신령한 복을 주셨다고 말합니다. 우리는 그리스도 예수 안에서 충만한 복을 받았습니다. 따라서 하나님의 말씀이 우리 것이라고 하는 것은 모두 우리 것입니다. 예를 들어, 성경이 "너에게는 하나님과 같은 사랑이 부어져 있다"(롬 5:5)고 하면 우리에게 하나님과 같은 아가페의 사랑이 부어져있는 것입니다. 우리는 하나님 말씀을 통해서 우리 것을 주장해야 합니다. 따라서 이 단계에서는 말씀을 통해 계시된 지식으로 감각적인 지식을 물리쳐야 합니다.

감각적인 지식을 믿으면 하나님을 거짓말쟁이로 만듭니다. 하나님께서 주신 치유나 부요함을 믿으려는 생각이 있지만,

감각적인 지식은 안 될 것이라는 생각이 들게 할 수 있습니다. 하나님의 말씀은 믿지 않으면서 감각적인 지식을 믿는 것은 하나님을 모독하는 행위입니다. 그것은 하나님의 말씀을 부정하고 하나님을 거짓말하는 분으로 만드는 행위입니다. 그런 태도를 가진 사람은 하나님의 말씀으로 구원받았다는 신앙의 기본부터 흔들릴 수 있습니다. 우리는 감각적으로 천국을 보고 구원을 받은 사람들이 아닙니다. 우리는 하나님의 말씀을 믿고 받아들임으로써 구원을 받았습니다. 그런데 하나님의 말씀을 의심하고 믿지 못한다면 구원의 확신도 없을 수 있다는 것입니다.

보고 느껴서 행동하면 말씀이 바탕이 되는 믿음을 놓치게 됩니다. 우리는 눈에 보이는 세계에서 우리의 것을 잘 지킵니다. 예를 들어 어떤 사람이 자신의 물건을 빼앗아 가면 즉각적으로 반응합니다. 그런데 영적인 세계에서는 말씀이 우리의 것이라고 하는 것들을 수없이 빼앗기고도 아무렇지 않게 생각하는 경우가 많습니다. 감각적인 지식으로 공격해오면 너무나 쉽게 포기하는 경향이 있습니다. 만일 당신이 감각적인 지식의 공격을 받아 기도에 실패했다면, 2 단계(기도제목에 해당하는 성경의 약속을 찾아라)에서 하나님의 말씀에 충분히 설득되지 않았기 때문입니다.

롬 3:4
하나님은 참되시니 사람은 모두 거짓말쟁이라

5 단계
의심을 거절하라

5 단계는 의심을 거절하는 단계입니다. 우리가 말씀을 심령 안에 지키려고 함에도 불구하고 의심이 올 수 있습니다. 하나님의 말씀을 의심하도록 마귀가 주는 잘못된 생각들로부터 자신을 방어해야 합니다.

의심은 마귀가 쏘는 화살이지만 얼마든지 방어할 수 있습니다. 그러나 방어할 수 있는 믿음의 방패를 가지고 있지 않으면 화살을 맞아 믿음을 놓칠 수 있습니다. 의심은 반드시 마귀가 주며 저절로 생기는 것이 아닙니다.

마귀와의 싸움은 영적인 영역이므로 자연적인 방법으로는 이길 수가 없습니다. 마귀는 자연적인 영역에서 많은 증거를 가지고 있습니다. 마귀는 우리가 살아오면서 보고 들은 경험들을 생각나게 하는 등 많은 증거를 가지고 우리를 공격합니다. 이러한 마귀의 공격을 막아내기 위해서는 하나님의 말씀을 붙잡아야 합니다.

예수님은 이미 마귀와의 싸움에서 승리하셨고 우리에게 그 권세를 주셨기 때문에 마귀는 우리가 말씀을 선포할 때 가장 두려워합니다. 우리가 다른 방법으로 방어를 하면 마귀는 끄떡도 하지 않습니다. 그러나 진리를 선포하면 마귀는 패배를 인정하게 되고 약해집니다. 마귀는 우리가 도망가면 좇아오지만 우리가 진리로 대적하면 도망갑니다.

약 4:7
그런즉 너희는 하나님께 복종할지어다 마귀를 대적하라 그리하면 너희를 피하리라

벧전 5:8
근신하라 깨어라 너희 대적 마귀가 우는 사자 같이 두루 다니며 삼킬 자를 찾나니

평소 잘 알고 지내는 권사님이 앞집에 사는 부부가 소형차를 함께 타고 출근을 하다가 유조 트럭과 충돌해서 현장에서 즉사했다고 하면서 바로 앞집에 사는 사람들이 그런 일을 당해서 너무 안타깝다는 이야기를 했습니다.

또, 인터넷에서 점을 친 어떤 집사님이 천국에 갔다 온 사람이 간증을 쓴 책에서 예수를 믿고 그런 일을 한 사람은 구원받지 못한다는 글을 읽고 두려움이 생겨 상담을 하러 왔었습니다. 그분은 2주 동안 너무 두렵고 우울해서 아무 일도 할 수 없었다고 합니다. 그분은 예수 믿은 지 오래된 사람인데도 그런 공격을 당했습니다.

이처럼 마귀는 두루 다니며 삼킬 자를 찾습니다. 마귀는 기회만 있으면 우리를 죽이고 멸망시키려고 합니다. 그래서 우리는 항상 깨어서 우리를 공격하는 마귀를 대적해야 합니다. 마귀를 대적하는 무기는 성령의 검, 곧 하나님의 말씀입니다. 하나님의 말씀에 얼마만큼 권위를 두고, 얼마만큼 믿느냐에 따라 승패가 결정됩니다. 하나님의 말씀을 바로 알고 믿는다

면 모든 사단의 공격인 거짓말은 힘을 잃고 그 모든 공격들은 효과를 거두지 못하고 무효화될 것입니다.

어떤 경찰이 나라로부터 주어진 권세를 행사하고 있었습니다. 사람들은 그 경찰이 신분증을 보여주지 않을지라도 경찰 복장을 하고 있으면 경찰이라고 생각했습니다. 어느 날 그 경찰이 잘못을 저질러 경찰직을 박탈당했습니다. 그런데 그 경찰은 계속 경찰복장을 하고 다니면서 자기에게 권한이 있는 것처럼 행세했습니다. 만일 그 경찰이 자격을 박탈당한 사실을 알았다면 사람들은 그 가짜 경찰의 권위를 인정하지 않을 뿐만 아니라 고발을 했을 것입니다. 그러나 그 경찰이 자격을 박탈당한 사실을 모르면 속을 수밖에 없습니다.

이와 같이 마귀는 아직도 자기에게 권세가 있는 것처럼 이 세상에서 왕처럼 행동하지만 사실은 무장해제된 존재입니다. 우리가 이 진리를 알고 성령의 검 곧, 하나님의 말씀으로 우리의 것을 주장하면 마귀는 도망칠 수밖에 없습니다. 예수님도 마귀에게 시험 당하실 때 "기록되었으되"라고 세 번에 걸쳐 하나님의 말씀으로 마귀를 물리치셨다는 사실을 기억하십시오(마 4:7-11).

마귀가 의심을 가져오면 하나님의 말씀으로 대적해야 합니다. 이러한 의심이 환상, 꿈, 감정, 증상 등 어떤 형태로 올지라도 하나님의 말씀과 다른 것은 하나님으로부터 온 것이 아니므로 대적해야 합니다.

케네스 해긴 목사님의 간증입니다. 그가 열일곱 살 나이에 병이 걸려 죽어가고 있을 때, 의사는 물론 목사님까지도 조금만 참으면 하늘나라로 갈 것이라고 위로했습니다. 그 소년이 하나님의 말씀을 붙잡아 병이 나은 것을 믿고 회복되고 있던 어느 날, 마귀가 들리는 목소리로 "너는 죽고 살지 못하리라."라는 창세기에 나온 하나님의 말씀으로 계속 공격을 했습니다. 처음에는 하나님의 목소리인 줄 알고 죽을 때를 기다렸지만 시간이 지나도 죽지 않자 그 목소리가 하나님으로부터 오지 않았음을 알게 되었습니다.

해긴 목사님의 또 다른 간증입니다. 어느 목사님이 죽을병에 걸려서 해긴 목사님께 안수기도를 받으러 왔습니다. 해긴 목사님은 "당신은 내가 기도하면 나을 것이라고 생각합니까?"라고 믿음을 확인하는 질문을 했습니다. 그러자 그 목사님은 "저는 낫지 않을 것이라고 믿습니다."라고 대답했습니다. 해긴 목사님은 "왜 낫지 않을 것이라고 믿니까?"라고 물으니, 그 목사님은 "얼마 전 기도를 하다가 보니 하얀 옷을 입은 분이 와서 제 병을 고치지 않을 것이라고 말했습니다. 나는 그분이 예수님이라고 생각합니다."라고 말하는 것이었습니다. 해긴 목사님은 "그것은 하나님으로부터 온 목소리가 아닙니다."라고 하면서 성경에 나타난 하나님의 치유에 대한 뜻을 보여주었습니다. 결국 그 목사님은 말씀에 설득되어 나았다고 합니다.

고후 10:3-5
우리가 육신으로 행하나 육신에 따라 싸우지 아니하노니 우리의 싸우는 무기는 육신에 속한 것이 아니요 오직 어떤 견고한

진도 무너뜨리는 하나님의 능력이라 모든 이론을 무너뜨리며
하나님 아는 것을 대적하여 높아진 것을 다 무너뜨리고 모든
생각을 사로잡아 그리스도에게 복종하게 하니

어떤 생각, 어떤 이야기가 하나님의 말씀과 다르면 대적해서 진리의 말씀으로 복종시켜야 합니다. 보통 생각은 관찰과 경험과 가르침에 의해 지배됩니다. 그래서 우리는 하나님의 말씀을 통해 하나님의 선하심을 배우고 그 말씀을 취해야 합니다. 우리가 인생의 중요한 문제에 대해 하나님께 간구의 기도를 했다면, 기도 응답이 확인될 때까지 우리 자신을 절제해서 믿음과 반대되는 일, 사람, 장소를 피해야 합니다. 싸움이 일어날 수 있는 곳에 가서 싸우는 것보다는 싸움을 피하는 것이 보다 지혜로운 일입니다.

6 단계
약속의 말씀을 지속적으로 묵상하라

이제 기도 응답이 나타날 때까지 지속적으로 말씀을 묵상해야 합니다. 그래서 하나님의 말씀이 심령 안에 계속 머물러 있게 해야 합니다. 말씀이 계속 머물러 있으면 말씀의 결과는 반드시 나타납니다. 어떤 상황이 벌어지더라도 끝까지 말씀이 심령에 머물고 있어야합니다. 응답이 오래 걸리는 문제일지라도 약속의 말씀을 지속적으로 묵상하십시오.

잠 4:20-22
내 아들아 내 말에 주의하며 내가 말하는 것에 네 귀를 기울이라 그것을 네 눈에서 떠나게 하지 말며 네 마음 속에 지키라 그것은 얻는 자에게 생명이 되며 그의 온 육체의 건강이 됨이니라

당신이 말씀에 서 있지 않으면 하나님은 역사하실 수 없습니다. 왜냐하면 하나님은 말씀을 통해서만 역사하시기 때문입니다. 하나님의 말씀과는 상관이 없는데도 "믿습니다!"를 외치면서 열성과 고집을 부린다고 기도 응답이 되는 것이 아닙니다. 처음에 묵상했던 말씀을 기도 응답이 될 때까지 지속적으로 묵상하십시오.

시 138:2
내가 주의 성전을 향하여 예배하며 주의 인자하심과 성실하심으로 말미암아 주의 이름에 감사하오리니 이는 주께서 주의 말씀을 주의 모든 이름보다 높게 하셨음이라 주의 모든 이름대로 주의 말씀을 크게 하셨음이라

7 단계
하나님께 감사와 찬양을 드려라

간구의 기도의 마지막 단계는 하나님께 감사와 찬양을 드리는 단계입니다. 감각적 지식이나 환경이 어떠하고 기도 응

답된 것을 눈으로 볼 수 없을지라도 기도한 것은 응답받은 것이므로 감사와 찬양을 드립니다. 그리고 기도한 것에 대해 믿음으로 말하십시오. 예를 들어 치유를 위해 기도한 사람이라면 누군가 병에 대해 물었을 때 "예. 낫고 있습니다."라고 대답해야 합니다. 당장 눈에 보이는 증세가 달라지지 않았다고 "아직 차도가 없습니다."라고 대답하는 것은 말씀에 반대되는 믿음이 없는 행동입니다. 그래서 어떤 상황에 처하더라도 믿음의 말을 해야 합니다.

빌 4:6
아무 것도 염려하지 말고 다만 모든 일에 기도와 간구로, 너희 구할 것을 감사함으로 하나님께 아뢰라

롬 4:20-21
믿음이 없어 하나님의 약속을 의심하지 않고 믿음으로 견고하여져서 하나님께 영광을 돌리며 약속하신 그것을 또한 능히 이루실 줄을 확신하였으니

아브라함은 아들을 낳지 못하는 상황에서도 믿음이 견고해져서 미리 하나님께 영광을 돌렸습니다. 엔드류 머레이(Andrew Muray)는 "하나님께 무엇을 달라고 기도를 해놓고 같은 기도를 반복하는 것은 바른 방법이 아닙니다. 당신이 기도했지만 아직 나타나지 않은 것을 위해 기도할 때는 이전에 기도했던 것과 똑같이 구하지 마십시오. 왜냐하면 그것은 불

신앙이기 때문입니다. 이런 경우, 당신은 그것을 구했다는 것과 그 약속의 말씀이 있는 성경구절들을 하나님께 상기시켜 드리고, 당신이 그 응답이 나타나기를 기다리고 있다고 말씀하십시오. 그리고 응답을 주신 것에 대해 감사하십시오."라고 말했습니다.

우리가 믿음으로 기도한 것을 다시 불러일으킬 때는 "하나님께서 저의 문제를 받으시고 지금도 역사하고 계심을 감사합니다. 제게 하나님의 역사가 다가오고 있음을 감사드립니다."라는 방식으로 감사를 드리십시오. 우리가 기도하다가 믿음이 생기거나, 평강이 오거나, 기쁨이나, 확신이나, 웃음이 나올 때, 그 기도는 이미 응답받은 것입니다. 하나님께서 바라시는 시기에 응답이 나타나기를 기대하고, 기도 응답이 어떤 형태로 나타날지라도 하나님이 가장 좋은 것을 주셨다고 믿으십시오. 기도 응답은 하나님께서 약속하신 것이고, 하나님 가족의 특권이며, 하나님 자녀의 특권입니다. 무엇보다도 하나님의 말씀을 토대로 하는 간구의 기도는 기도 응답을 받는 그리스도인의 특권입니다.

사 43:26
너는 나에게 기억이 나게 하라 우리가 함께 변론하자 너는 말하여 네가 의로움을 나타내라

제 7 장

효과적인 기도에 필요한 7가지

이 장에는 앞에서 다룬 내용과 중복되는 부분이 일부 있지만, 어떻게 하면 우리가 효과적인 기도를 할 수 있는지에 대해 성경과 실질적인 체험을 중심으로 정리했습니다. 이 장을 읽으면서 기도생활을 하는데 놓치고 있는 부분이 있는지 확인하기 바랍니다.

1. 예수 이름으로 아버지께 기도한다

요 16:23-24
그 날에는 너희가 아무 것도 내게 묻지 아니하리라 내가 진실로 진실로 너희에게 이르노니 너희가 무엇이든지 아버지께 구하는 것을 내 이름으로 주시리라 지금까지는 너희가 내 이름으로 아무 것도 구하지 아니하였으나 구하라 그리하면 받으리니 너희 기쁨이 충만하리라

우리는 기도할 때마다 새 언약의 당사자임을 잊지 말고 예수 이름으로 하나님 아버지께 언약에 따라 기도해야 합니다. 언약에는 옛 언약과 새 언약이 있습니다. 언약은 예수님이 오

시고 십자가에서 돌아가심으로써 성취되었습니다. 이제 우리는 언약을 가진 것이 아니라, 그 기업(유산)을 가지고 있습니다. 구약시대 성도들이 문 밖에서 자기들의 권리를 주장했다면, 이제 우리는 당연히 우리의 것이 된 기업에서 필요한 것을 담대히 취할 수 있습니다. 우리의 위치를 이해하고, 이러한 태도가 체질화 되어야 합니다.

언약의 당사자인 우리는 아버지께 기도할 수 있게 되었습니다. 구약의 성도들은 짐승의 피로 죄를 덮고 하나님께 나아가서 아브라함의 하나님, 이삭의 하나님을 부르면서 언약을 확인하며 기도했지만, 신약의 성도들은 더 이상 그렇게 할 필요가 없이 우리에게 주신 유산을 차지하는 심정으로 아버지께 나아가야 합니다. 이것이 예수 이름으로 아버지께 기도하는 개념입니다.

예수님이 "다 이루었다"(요 19:30)고 하실 때 옛 언약은 모두 끝났습니다. 우리는 더 이상 울부짖는 기도를 하지 않아도 되며 오직 아버지께서 주신 유산을 믿음으로 차지하면 됩니다.

2. 기도할 때 받은 줄로 믿는다

막 11:24
그러므로 내가 너희에게 말하노니 무엇이든지 기도하고 구하는 것은 받은 줄로 믿으라 그리하면 너희에게 그대로 되리라 기도하면 반드시 그 기도가 이루어졌음을 믿어야 합니다. 이러한 믿음의 행위는 효과적인 기도의 가장 중요한 요소 중 하나입니다.

하나님은 수많은 사람들을 지나서 믿음이 있는 자에게 다가옵니다. 우리는 기도를 한 다음 응답이 왔을 때 믿는 것이 아니라, 기도할 때 받았음을 믿어야 합니다.

사람들은 믿는다고 하지만 진짜 믿음이 무엇인지 잘 모르는 경우가 많습니다. 믿는다는 것은 응답을 보기 전에 믿는 것입니다. 믿지 않는 사람들의 생각과는 반대입니다. 즉, 응답을 보고 믿는 것이 아니라 믿음으로서 응답을 받는 것입니다. 치유를 위한 기도를 받을 때도 증상이 없어질 때 믿는 것이 아니라, 증상이 있어도 기도 받을 때 치유 받았음을 믿으면 증상은 차차 사라지게 됩니다. 이런 믿음을 체험해보지 못한 사람들은 이해하기 어려울 것입니다.

여러분이 의심에 귀를 기울이면 응답을 빼앗길 수도 있습니다. 종종 치유의 기도를 받고 나면 그 사람에게 치유가 일어나기 시작합니다. 그런데, 치유가 잘 진행되고 있는데, 어느 날 잘못된 생각이 들어와서 의심이 들어오면 치유가 중단되면서 도리어 아픈 증상이 더욱 강해질 수 있습니다. 따라서 우리가 의심함으로써 응답 받은 것을 빼앗기지 않도록 해야 합니다. 치유를 받은 후에 잘못된 이야기를 듣고 의심을 하게 되고, 두려움이 생겨 병이 재발하는 경우도 많습니다.

기도 응답은 받으려고 애쓰는 것이 아니라 말씀대로 믿고 행동하는 것입니다. 우리의 체질은 아직 무엇인가 받으려고 애를 씁니다. 그러나 문 밖에서 언약을 선포하면서 문을 두드리는 심정이 아니라, 담대하게 문을 열고 들어가서 가지고 나오는 자세를 가져야 함을 잊지 말아야 합니다.

하나님의 말씀이 이루어지기 위해 우리에게 필요한 것은 믿음입니다. 우리가 믿음을 가지면 하나님은 말씀대로 이루어지도록 하는 일을 하십니다.

성경은 "원수의 목전에서 상을 베푸신다"(시 23:5)고 말합니다. 이 세상에는 아직도 사단이 역사하고 있기 때문에 우리의 삶에는 항상 문제가 닥칠 수 있습니다. 우리가 문제를 겪을 때 그것을 피하거나 없애려고 노력하기보다는 예수님의 권세를 사용하는 태도를 습성화해야 합니다. 이런 자세가 기도를 능력 있게 합니다. 특히, 우리는 각각의 가정에 대한 권세를 가지고 있습니다. 성경에서 백부장은 그 하인에게 권세가 있음을 보여줍니다(마 8:5-13). 백부장의 하인이 오지 않았지만, 그의 믿음은 원수가 보는 앞에서 예수님으로부터 상을 받았습니다.

감각적으로 체험하는 상황이 비록 더 나빠지더라도 믿음이 역사하지 않는다는 식으로 말하지 않도록 유의하십시오. 그런 말은 하나님의 말씀에 대한 믿음을 상실케 하며 기도 응답으로부터 멀어지게 합니다.

3. 기도할 때 용서한다

막 11:25-26
서서 기도할 때에 아무에게나 혐의가 있거든 용서하라 그리하여야 하늘에 계신 너희 아버지께서도 너희 허물을 사하여 주시리라 하시니라 (어떤 사본에, 26절은 만일 너희가 용서하지 아니하면 하늘에 계신 너희 아버지도 너희 허물을 사하지 아니하시리라 라고 되어 있음)

엡 4:32
서로 친절하게 하며 불쌍히 여기며 서로 용서하기를 하나님이 그리스도 안에서 너희를 용서하심과 같이 하라

용서하지 않은 일이 있으면 기도가 막힙니다. 빨리 용서하고 회개하는 습성을 가져야 합니다. 또, "나는 과거에 잘못한 것이 없다."고 말하지 말아야 합니다.
이 말은 앞으로도 발전 없이 살 것이라는 말과 같습니다. 지금까지 잘못한 것이 없으니 앞으로 발전할 여지도 없습니다. 자신이 문제가 있음을 깨달을 때 발전하면서 더 나은 삶을 살 수 있게 됩니다.
우리가 잘못을 인정하고, 회개하고, 잊어버릴 것은 잊어버리는 신앙생활을 해야 혈액순환이 잘되는 신체처럼 건강한 그리스도인이 될 수 있습니다.
그리스도의 아가페의 사랑이 우리에게 부어져 있습니다.

따라서 우리 안에는 무엇이든지 용서할 수 있는 능력이 있다는 사실을 깨달아야 합니다. 용서할 수 있는 능력이 우리 안에 있으므로 그것을 믿고 용서하기로 작정하는 사람이 되어야 합니다.

용서하지 못하는 사람들은 "나는 모두 다 용서할 수 있는데 이것만은 용서할 수 없다."고 말하곤 합니다. 그런 사람은 그렇게 말한 일에 대해서는 용서할 수 없습니다. 왜냐하면 용서는 우리의 힘으로 하는 것이 아니라 믿음으로만 가능하기 때문입니다.

우리가 용서할 있다는 믿음을 가질 때 성령님의 도우심을 받을 수 있습니다. 우리가 용서할 수 있다는 사실을 믿고 고백할 때 하나님께서 성령으로 말미암아 도와주실 수 있습니다.

복수나 증오하는 마음을 품고는 형통한 삶을 살 수 없습니다. 증오, 시기, 복수심은 우리의 기도를 방해하며 우리의 영적인 삶을 황폐케 합니다.

우리는 속사람을 잘 관리해야 합니다. 다른 사람의 속사람이 나의 형통을 방해하는 것이 아니라, 자신의 속사람이 자신의 형통을 방해한다는 점을 명심해야 합니다. 내적치유를 할 때, 어떤 사람은 남이 자신을 용서하지 않으므로 영적으로 묶여서 자신의 내적치유가 잘 되지 않는다고 생각하는 사람들이 종종 있습니다. 다른 사람이 자신을 용서하면 당연히 좋겠지만, 기도생활이 방해받는 이유는 자신 안에 용서하지 않는 마음이 있기 때문입니다. 우리의 마음이 생명의 근원(삶의 문제들)이 된다고 잠언은 말씀하고 있습니다. 다른 사람이 변하기를 바랄 것이 아니라 자신의 속사람을 잘 관리하여 지키는 것이 중요합니다.

잠 4:23
열심을 다하여 네 마음을 지키라 이는 생명의 근원이(삶의 문제들이) 거기서 나옴이라.

4. 기도할 때 성령님의 도우심을 받는다

고전 14:14-15
내가 만일 방언으로 기도하면 나의 영이 기도하거니와 나의 마음은 열매를 맺지 못하리라 그러면 어떻게 할까 내가 영으로 기도하고 또 마음으로 기도하며 내가 영으로 찬송하고 또 마음으로 찬송하리라

롬 8:26-27
이와 같이 성령도 우리의 연약함을 도우시나니 우리는 마땅히 기도할 바를 알지 못하나 오직 성령이 말할 수 없는 탄식으로 우리를 위하여 친히 간구하시느니라 마음을 살피시는 이가 성령의 생각을 아시나니 이는 성령이 하나님의 뜻대로 성도를 위하여 간구하심이니라

무엇을, 어떻게 기도해야 할지 모를 때 방언으로 기도함으로써 성령님의 도우심을 받을 수 있습니다. 오랫동안 신앙생활을 했을지라도 방언기도를 지속적으로 하지 않는 사람들은 대부분 초자연적인 역사를 체험하지 못한다는 공통점을 가지고 있습니다. 그들은 아프면 병원에 가서 낫도록 기도를 하곤 하지만, 손을 얹으면 초자연적인 역사가 일어나 병이 낫는다는 믿음을 갖기 어렵습니다.

우리가 영으로 기도하지 않고는 영이 강건해질 수 없습니다. 지식이나 생각을 좇아 혼으로만 기도하면 영적으로 민감해질 수 없고 초자연적인 역사를 체험할 수 없게 됩니다. 물론, 우리가 방언기도를 하지 않더라도 성령의 도움을 받는 기도를 할 수 있지만, 방언기도를 많이 하면 우리가 알지 못하는 것에 대해 계시를 받는 등 성령님의 도우심을 받을 수 있습니다. 성령님은 우리의 연약함을 도우시고 기도할 바를 알려주십니다.

성령님께서 당신의 영이 무엇을 기도할지 알려주심으로써 최고의 기도를 하고 있다고 믿고 방언으로 기도할 때, 성령님께서는 당신을 온전한 기도로 인도하십니다. 방언으로 기도할 때, "제가 이 시간에 방언으로 기도합니다. 약속의 말씀대로 제가 기도할 바를 알지 못하는 것을 성령님께서 도와주실 것을 믿고 기도합니다."라고 하면서 믿음으로 기도해야 합니다.

5. 중보와 간구의 기도도 성령님께 의지한다

엡 6:18
모든 기도와 간구를 하되 항상 성령 안에서 기도하고 이를 위
하여 깨어 구하기를 항상 힘쓰며 여러 성도를 위하여 구하라

중보기도와 간구의 기도에도 성령님께 의지해야 합니다. 잃어버린 영혼을 위한 중보기도를 할 때, 성령님은 기도하는 사람이 그 사람의 감정을 느끼게 하면서 중보기도 할 수 있도록 도와주시기도 합니다. 또, 중보기도를 해야 한다고 생각하지만 누구를 위해 할 지 모르고 성령 안에서 기도하다보면 성령님은 누구를 위해 기도할지 알려주시기도 하며, 때때로 무엇에 대해 기도해야 할지도 알려주십니다. 우리가 뭔지 잘 모르겠지만 기도해야겠다고 생각될 때 기도를 하면 우리는 알지 못하는 가운데 많은 것을 성령의 도우심을 받아 기도할 수 있으며, 이를 통해 우리는 승리하는 신앙생활을 할 수 있습니다.

아픈 사람을 위해 기도할 때 성령님으로 말미암아 환자가 어디가 아픈지를 알게 되기도 합니다. 스미스 위글스워스 목사님이 겪었던 일입니다. 그분이 사역할 때 많은 초자연적인 역사가 일어났습니다.

한번은 어떤 청년들이 찾아와서 웨일즈라는 도시에 한 사역자가 병을 앓고 있는데 목사님이 그곳에 가면 치유가 될 것

같다고 말했습니다. 그 후 2년이 지나 위글스워스 목사님은 그 도시에 가서 집회를 하게 되었습니다. 목사님은 집회를 하다가 청년들이 했던 이야기가 생각이 나서 그 사역자에게 찾아갔습니다. 그런데 그 사역자와 가족들은 위글스워스 목사님을 이상한 사람으로 보고 문전박대를 했습니다. 위글스워스 목사님은 돌아와서 그 사역자를 위해 성도들과 함께 중보기도를 했는데 성령님의 역사로 말미암아 그 사람이 어떤 병을 앓고 있는지 알게 되었습니다. 그래서 기도를 하고 다시 찾아갔습니다. 그 사역자는 아직 마음을 닫고 있었지만 목사님은 함께 찾아간 중보기도자들과 환자를 둘러싸고 기도를 했는데 하나님의 임재가 강하게 내려오기를 여러 번 하다가 마침내 그 사역자의 마음이 열렸고 사역자는 통곡을 하면서 치유가 되었다는 이야기입니다.

내가 처음으로 귀신을 쫓게 된 간증입니다. 하나님께 겸손한 상태가 되어 기도를 하고 있을 때, 한 환상을 보게 되었습니다. 환상 중에 어떤 60대 정도의 할아버지를 보았는데 그 모습이 너무나 선명하여 실물을 본 것처럼 언제든지 그 모습을 떠올릴 수 있었습니다. 나는 이 환상이 하나님께서 기도하라고 보여주신 것이라고 믿고 무슨 내용인지도 모른 채 기도를 했습니다.

며칠 후 나는 어느 내과병동에 있는 한 자매를 만났습니다. 나는 그 자매와 상담을 하면서 그 자매는 내과질환이 아니라 정신문제를 가지고 있다는 것을 알게 되었습니다. 그 자매는 너무 쇠약해져서 커피 잔도 제대로 들지 못하는 상태에 있었습니다. 그 자매가 시아버지가 돌아가신 3년 전부터 이런 증세는 있었다는 이야기를 했을 때 나는 그 환상이 떠올랐습니다. 그리고 그녀의 문제는 육체의 질병이 아니라 귀신의 역사로 인한 것이라는 것을 알게 되었습니다. 그래서 나는 하나님께서 그녀를 만나게 해주신 것이라고 믿게 되었습니다. 그래서 그녀에게 내가 도와주고 싶으니 나의 도움을 받겠다는 결단을 하겠냐고 제안했습니다.

그때까지 나는 정신치유를 해본 경험이 없었기 때문에 담대한 결단을 했던 것입니다. 그녀는 결단을 했고 우리 집에 와서 함께 생활을 하였습니다.

그러던 어느 날 밤에 목사님과 나는 그 자매에게 손을 얹고 함께 기도를 했습니다. 그러자 그 자매의 동공이 열리고 귀신이 드러나면서 다른 사람의 목소리로 "나는 아무개다."라고 말했습니다. 우리가 예수 이름으로 귀신을 쫓자 자매는 뒤로 넘어져서 정신을 잃었습니다. 그 자매가 깨어나자 우리가 들은 이름을 이야기하자 그녀는 그것이 자기 시아버지의 이름이라고 했습니다(물론, 그녀의 시아버지가 귀신이 된 것이 아니고, 귀신이 시아버지를 빙자한 것입니다). 그 후 내가 봤던 환상이 그 시아버지의 얼굴과 같다는 것도 알게 되었습니다.

성령님은 이러한 일들을 얼마든지 하실 수 있으십니다. 성령님께 자리를 내어드릴 때 이러한 역사를 체험할 수 있습니다. 성도들이 어떤 문제가 왔을 때 하나님의 음성을 들을 줄 알고 중요한 결정을 할 때 하나님의 인도를 받을 수 있게 된다면 어떠한 문제도 이겨낼 수 있습니다. 사람에 따라 다소 차이는 있겠지만 누구든지 기도를 훈련하면 그런 열매를 맺는 것이 성령님을 우리에게 보내신 하나님 아버지의 뜻입니다.

6. 방언기도로 자신을 세운다

> 유 20
> 사랑하는 자들아 너희는 너희의 지극히 거룩한 믿음 위에 자신을 세우며 성령으로 기도하며

> 사 28:11-12
> 그러므로 더듬는 입술과 다른 방언으로 그가 이 백성에게 말씀하시리라 전에 그들에게 이르시기를 이것이 너희 안식이요 이것이 너희 상쾌함이니 너희는 곤비한 자에게 안식을 주라 하셨으나 그들이 듣지 아니하였으므로

방언으로 많이 기도할수록 성령으로 말미암아 속사람이 강건케 되며 영적으로 예민해 집니다. 방언기도는 성령님이 우리에게 새로운 계시를 주시고, 우리의 연약함을 도우실 수 있게 함으로써 우리의 영적 성장에 도움이 됩니다. 우리가 영적으로 성장하는데 필수적인 기도는 말씀고백기도와 방언기도입니다. 특히, 방언기도는 우리를 믿음 위에 세워줍니다.

7. 방언통역과 예언을 사모한다

고전 14:13-15
그러므로 방언을 말하는 자는 통역하기를 기도할지니 내가 만일 방언으로 기도하면 나의 영이 기도하거니와 나의 마음은 열매를 맺지 못하리라 그러면 어떻게 할까 내가 영으로 기도하고 또 마음으로 기도하며 내가 영으로 찬송하고 또 마음으로 찬송하리라

고전 14:26-28
그런즉 형제들아 어찌할까 너희가 모일 때에 각각 찬송시도 있으며 가르치는 말씀도 있으며 계시도 있으며 방언도 있으며 통역함도 있나니 모든 것을 덕을 세우기 위하여 하라 만일 누가 방언으로 말하거든 두 사람이나 많아야 세 사람이 차례를 따라 하고 한 사람이 통역할 것이요 만일 통역하는 자가 없으면 교회에서는 잠잠하고 자기와 하나님께 말할 것이요

엡 5:18-19
술 취하지 말라 이는 방탕한 것이니 오직 성령으로 충만함을 받으라 시와 찬송과 신령한 노래들로 서로 화답하며 너희의 마음으로 주께 노래하며 찬송하며

고전 14:3
예언하는 자는 사람에게 말하여 덕을 세우며 권면하며 위로하는 것이요

방언통역과 예언은 우리가 기도생활을 좀 더 활발하고 효율적으로 할 수 있도록 하나님께서 주신 성령의 은사들입니다. 개인의 기도생활과 공식적인 예배에서 방언통역과 예언을 하게 되면 우리의 기도생활이 더욱 발전하게 됩니다. 성경은 우리에게 이러한 은사를 사모하라고 권면합니다.

제 8 장

기도에 있어서 하나님의 뜻

하나님의 말씀은 하나님의 뜻입니다. 기도할 때 하나님의 뜻을 알 면 담대하게 되며, 담대함으로 말미암아 기도 응답을 받게 됩니다.

요일 5:14-15
그를 향하여 우리가 가진 바 담대함이 이것이니 그의 뜻대로 무엇을 구하면 들으심이라 우리가 무엇이든지 구하는 바를 들으시는 줄을 안즉 우리가 그에게 구한 그것을 얻은 줄을 또한 아느니라

요 15:7
너희가 내 안에 거하고 내 말이 너희 안에 거하면 무엇이든지 원하는 대로 구하라 그리하면 이루리라

담대하게 은혜의 보좌 앞에 나가는 것은 마치 자기 집에 들어갈 때 담대한 것과 같습니다. 그리스도인이 기도를 할 때는 이처럼 자기 집 문을 열고 들어가서 필요한 것을 취하는 것과 같은 담대함을 가져야 합니다. 하나님의 뜻은 바로 하나님의 말씀입니다. 하나님의 말씀을 분명하게 알 때 우리는 담대할 수 있습니다. 그래서 그분의 뜻대로 구하면 하나님께서 들으

시고, 하나님께서 들으신 기도는 반드시 응답해주신다는 말씀을 믿기 때문에, 우리가 기도한 것은 기도할 때 이미 얻은 줄 알게 됩니다.

우리가 하나님의 말씀을 읽고 들을 때는 항상 하나님께서 나에게 직접 하시는 말씀이라고 생각하고 말씀을 받아야 합니다. 하나님께서 나에게 직접 쓴 편지라고 생각하고 말씀에 주의를 기울여야 합니다. 그렇게 할 때 말씀이 내 안에 거하게 되며, 그 말씀을 믿고 기도함으로써 응답받게 됩니다.

치유는 하나님의 뜻입니다

만일, 병을 앓고 있는 어린아이에게 안수하면서 "하나님의 뜻이라면 이 아이의 병을 낫게 해주십시오."라고 한다면 이는 잘못된 기도입니다. 어린아이가 병이 낫는 것은 당연히 하나님의 뜻이기 때문입니다. 그러므로 기도할 때 치유에 대한 하나님의 말씀을 믿고 선언하면서 하나님께서 고쳐주시도록 담대하게 기도해야 합니다. 다음 성경구절은 치유가 하나님의 뜻이라는 것을 분명히 보여주고 있습니다.

> 사 53:4-5
> 그는 실로 우리의 질고를 지고 우리의 슬픔을 당하였거늘 우리는 생각하기를 그는 징벌을 받아 하나님께 맞으며 고난을 당한

다 하였노라 그가 찔림은 우리의 허물 때문이요 그가 상함은 우리의 죄악 때문이라 그가 징계를 받으므로 우리는 평화를 누리고 그가 채찍에 맞으므로 우리는 나음을 받았도다

마 8:17
이는 선지자 이사야를 통하여 하신 말씀에 우리의 연약한 것을 친히 담당하시고 병을 짊어지셨도다 함을 이루려 하심이더라

벧전 2:24
친히 나무에 달려 그 몸으로 우리 죄를 담당하셨으니 이는 우리로 죄에 대하여 죽고 의에 대하여 살게 하려 하심이라 그가 채찍에 맞음으로 너희는 나음을 얻었나니

모든 영혼이 구원 받는 것은 하나님의 뜻입니다

치유와 같이 모든 영혼이 구원을 받는 것은 하나님의 뜻입니다. 어떤 사람들은 구원을 받을 사람이 예정되어 있다고 배워왔습니다. 그러나 하나님은 모든 영혼이 구원받기를 원하신다고 분명히 말하고 있습니다. 모든 영혼이 구원 받는 것은 하나님의 뜻이므로 누구에게나 기회가 있을 때마다 담대히 복음을 전해야 합니다. 어떤 사람이 구원받기로 예정된 사람인지 알려고 고민할 필요가 없습니다.

요 3:16
하나님이 세상을 이처럼 사랑하사 독생자를 주셨으니 이는 그를 믿는 자마다 멸망하지 않고 영생을 얻게 하려 하심이라

벧후 3:9
주의 약속은 어떤 이들이 더디다고 생각하는 것 같이 더딘 것이 아니라 오직 주께서는 너희를 대하여 오래 참으사 아무도 멸망하지 아니하고 다 회개하기에 이르기를 원하시느니라

딤전 2:4
하나님은 모든 사람이 구원을 받으며 진리를 아는 데에 이르기를 원하시느니라

행 16:31
이르되 주 예수를 믿으라 그리하면 너와 네 집이 구원을 받으리라 하고 (가족 구원의 약속, 가족 구원의 권세가 당신에게 있음)

모든 사람이 성령 충만함을 받는 것은 하나님의 뜻입니다

한 영혼이 구원 받은 후에는 성령 충만함을 받아 영적으로 성장하는 것이 하나님의 뜻입니다. 어떤 사람은 성령 충만을 받을 수 있고, 어떤 사람은 성령 충만을 받을 수 없는 것이 아닙니다. 하나님은 누구든지 성령 충만함을 받기 원하십니다.

행 2:38-39
베드로가 이르되 너희가 회개하여 각각 예수 그리스도의 이름으로 세례를 받고 죄 사함을 받으라 그리하면 성령의 선물을 받으리니 이 약속은 너희와 너희 자녀와 모든 먼 데 사람 곧 주 우리 하나님이 얼마든지 부르시는 자들에게 하신 것이라 하고

부요해지는 것은 하나님의 뜻입니다

부요해지는 것도 하나님의 뜻입니다. 고린도후서 8장의 말씀과 같이 하나님은 우리의 필요가 채워지기를 원하시며, 빌립보서 4장의 말씀과 같이 예수 안에서 영광 가운데 풍성해지기를 원하십니다.

고후 8:9
우리 주 예수 그리스도의 은혜를 너희가 알거니와 부요하신 이로서 너희를 위하여 가난하게 되심은 그의 가난함으로 말미암아 너희를 부요하게 하려 하심이라

빌 4:19
나의 하나님이 그리스도 예수 안에서 영광 가운데 그 풍성한 대로 너희 모든 쓸 것을 채우시리라

고후 9:8
하나님이 능히 모든 은혜를 너희에게 넘치게 하시나니 이는 너희로 모든 일에 항상 모든 것이 넉넉하여 모든 착한 일을 넘치게 하게 하려 하심이라

염려 없는 삶은 하나님의 뜻입니다

염려 없는 삶을 사는 것이 하나님의 뜻입니다. 하나님은 여러분에게 염려를 주시는 분이 아닙니다. 염려를 주께 맡기고 항상 평강 가운데서 성령님의 인도함을 받고 사는 것이 우리 모두를 향한 하나님의 뜻입니다.

> 벧전 5:7
> 너희 염려를 다 주께 맡기라 이는 그가 너희를 돌보심이라

> 빌 4:6
> 아무 것도 염려하지 말고 다만 모든 일에 기도와 간구로, 너희 구할 것을 감사함으로 하나님께 아뢰라

모든 일에 승리하는 것이 하나님의 뜻입니다

그리스도인이 어떤 상황 가운데서도 승리하는 삶을 사는 것은 하나님의 뜻입니다.

> 요일 5:4-5
> 무릇 하나님께로부터 난 자마다 세상을 이기느니라 세상을 이기는 승리는 이것이니 우리의 믿음이니라 예수께서 하나님의 아들이심을 믿는 자가 아니면 세상을 이기는 자가 누구냐

고전 10:13
사람이 감당할 시험 밖에는 너희가 당한 것이 없나니 오직 하나님은 미쁘사 너희가 감당하지 못할 시험 당함을 허락하지 아니하시고 시험 당할 즈음에 또한 피할 길을 내사 너희로 능히 감당하게 하시느니라

롬 8:37
그러나 이 모든 일에 우리를 사랑하시는 이로 말미암아 우리가 넉넉히 이기느니라

그리스도인들은 빛 안에서 기도해야 합니다. 말씀이 없이 무조건적으로 간구하는 기도는 어두움 속에서 하는 기도입니다. 무조건 기도할 것이 아니라, 약속의 말씀을 찾아서 자신의 기도가 하나님의 뜻 가운데 있으므로 응답된다는 믿음을 갖고 담대하게 기도해야 합니다.

시 119:130
주의 말씀을 열면 빛이 비치어 우둔한 사람들을 깨닫게 하나이다

시 119:105
주의 말씀은 내 발에 등이요 내 길에 빛이니이다

우리가 기도할 때 하나님의 뜻인가 분별하는 기준은 첫째는 하나님의 말씀이고, 둘째는 하나님께서 내 영에게 하신 말씀이며, 마지막으로 환경을 살펴보는 것입니다.

기도를 무효화 하는 것들

우리가 기도할 때, 혹은 기도를 한 후 기도를 무효화하는 것들이 있습니다. 부정적인 말, 부정적인 행동, 하나님과 함께 협력하지 아니하는 행동, 염려, 용서하지 않음, 반역, 불순종, 자백되지 않은 죄는 기도를 무효화 하는 것들입니다.

예를 들어, 영적으로 성장하게 해달라고 기도하면서 주일예배에도 참석하지 않는다면 하나님과 함께 협력하지 않는 행동입니다. 이러한 기도는 응답을 기대하기 어렵습니다. 그리고 기도를 해놓고 염려하는 것은 불신앙의 표현이므로 기도를 무효화합니다.

하나님의 자녀로서의 특권을 가지고 거듭난 우리는 이 책에서 다룬 하나님의 말씀을 바탕으로 기도에 대한 태도를 변화시켜야 합니다. 우리가 전통을 따르는 잘못된 태도에서 벗어나 말씀을 따르는 기도생활을 한다면, 많은 열매를 맺어 하나님께 영광 돌리는 능력있는 하나님의 자녀가 될 것입니다.

부 록

예수님을 닮는 성도의 기도

1. 계시의 기도 (알도록)

(엡 1:17-19)
나의 주 예수 그리스도의 하나님, 영광의 아버지께서 지혜와 계시의 영을 나에게 주사 하나님을 알게 하시고 내 마음의 눈을 밝히사 하나님의 부르심의 소망이 무엇이며 성도 안에서 하나님의 기업의 영광의 풍성함이 무엇이며 하나님의 힘의 위력으로 역사하심을 따라 믿는 나에게 베푸신 능력의 지극히 크심이 어떠한 것을 나로 알게 하시기를 기도합니다.

2. 능력의 기도 (믿도록)

(엡 3:16-19)
하나님의 영광의 풍성함을 따라 하나님의 성령으로 말미암아 나의 속사람을 능력으로 강건하게 하시오며 믿음으로 말미암아 그리스도께서 나의 마음에 계시게 하시옵고 내가 사랑 가운데서 뿌리가 박히고 터가 굳어져서 능히 모든 성도와 함께 지식에 넘치는 그리스도의 사랑을 알고 그 너비와 길이와 높이와 깊이가 어떠함을 깨달아 하나님의 모든 충만하신 것으로 나에게 충만하게 하시기를 기도합니다.

3. 가지의 기도 (열매 맺도록)

(골 1:9-12)
하나님께서 나로 하여금 모든 신령한 지혜와 총명에 하나님의 뜻을 아는 것으로 채우게 하시고 주께 합당하게 행하여 범사에 기쁘시게 하고 모든 선한 일에 열매를 맺게 하시며 하나님을 아는 것에 자라게 하시고 그 영광의 힘을 따라 모든 능력으로 능하게 하시며 기쁨으로 모든 견딤과 오래 참음에 이르게 하시고 나로 하여금 빛 가운데서 성도의 기업의 부분을 얻기에 합당하게 하신 아버지께 감사하게 하시기를 기도합니다.

기도제목별 하나님의 말씀

병 고침

(사 53:5)
그가 찔림은 우리의 허물 때문이요 그가 상함은 우리의 죄악 때문이라 그가 징계를 받으므로 우리는 평화를 누리고 그가 채찍에 맞으므로 우리는 나음을 받았도다

(마 8:17)
이는 선지자 이사야를 통하여 하신 말씀에 우리의 연약한 것을 친히 담당하시고 병을 짊어지셨도다 함을 이루려 하심이더라

(벧전 2:24)
친히 나무에 달려 그 몸으로 우리 죄를 담당하셨으니 이는 우리로 죄에 대하여 죽고 의에 대하여 살게 하려 하심이라 그가 채찍에 맞음으로 너희는 나음을 얻었나니

(시 103:3)
그가 네 모든 죄악을 사하시며 네 모든 병을 고치시며

(시 147:3)
상심한 자들을 고치시며 그들의 상처를 싸매시는도다

(요삼 1:2)
사랑하는 자여 네 영혼이 잘됨 같이 네가 범사에 잘되고 강건하기를 내가 간구하노라

재정분야의 축복

(갈 3:13-14)
그리스도께서 우리를 위하여 저주를 받은 바 되사 율법의 저주에서 우리를 속량하셨으니 기록된 바 나무에 달린 자마다 저주 아래에 있는 자라 하였음이라 이는 그리스도 예수 안에서 아브라함의 복이 이방인에게 미치게 하고 또 우리로 하여금 믿음으로 말미암아 성령의 약속을 받게 하려 함이라

(고후 8:9)
우리 주 예수 그리스도의 은혜를 너희가 알거니와 부요하신 이로서 너희를 위하여 가난하게 되심은 그의 가난함으로 말미암아 너희를 부요하게 하려 하심이라

(요 10:10)
도둑이 오는 것은 도둑질하고 죽이고 멸망시키려는 것뿐이요 내가 온 것은 양으로 생명을 얻게 하고 더 풍성히 얻게 하려는 것이라

(빌 4:19)
나의 하나님이 그리스도 예수 안에서 영광 가운데 그 풍성한 대로 너희 모든 쓸 것을 채우시리라

(시 112:1-3)
할렐루야, 여호와를 경외하며 그의 계명을 크게 즐거워하는 자는 복이 있도다 여호와를 찬송하라 그의 후손이 땅에서 강성함이여 정직한 자들의 후손에게 복이 있으리로다 부와 재물이 그의 집에 있음이여 그의 공의가 영구히 서 있으리로다

(시 34:10)
젊은 사자는 궁핍하여 주릴지라도 여호와를 찾는 자는 모든 좋은 것에 부족함이 없으리로다

(고후 9:8)
하나님이 능히 모든 은혜를 너희에게 넘치게 하시나니 이는 너희로 모든 일에 항상 모든 것이 넉넉하여 모든 착한 일을 넘치게 하게 하려 하심이라

(사 1:19)
너희가 즐겨 순종하면 땅의 아름다운 소산을 먹을 것이요

영혼 구원

(행 16:31)
주 예수를 믿으라 그리하면 너와 네 집이 구원을 받으리라 하고

(벧후 3:9)
주의 약속은 어떤 이들이 더디다고 생각하는 것 같이 더딘 것이 아니라 오직 주께서는 너희를 대하여 오래 참으사 아무도 멸망하지 아니하고 다 회개하기에 이르기를 원하시느니라

(딤전 2:4)
하나님은 모든 사람이 구원을 받으며 진리를 아는 데에 이르기를 원하시느니라

(눅 15장)
잃어버린 양의 비유, 드라크마의 비유, 탕자의 비유

평강

(요 14:27)
평안을 너희에게 끼치노니 곧 나의 평안을 너희에게 주노라 내가 너희에게 주는 것은 세상이 주는 것과 같지 아니하니라 너희는 마음에 근심하지도 말고 두려워하지도 말라

(시 119:165)
주의 법을 사랑하는 자에게는 큰 평안이 있으니 그들에게 장애물이 없으리이다

(사 26:3)
주께서 심지가 견고한 자를 평강하고 평강하도록 지키시리니 이는 그가 주를 신뢰함이니이다

(빌 4:6-7)
아무 것도 염려하지 말고 다만 모든 일에 기도와 간구로, 너희 구할 것을 감사함으로 하나님께 아뢰라 그리하면 모든 지각에 뛰어난 하나님의 평강이 그리스도 예수 안에서 너희 마음과 생각을 지키시리라

(시 29:11)
여호와께서 자기 백성에게 힘을 주심이여 여호와께서 자기 백성에게 평강의 복을 주시리로다

(롬 14:17-18)
하나님의 나라는 먹는 것과 마시는 것이 아니요 오직 성령 안에 있는 의와 평강과 희락이라 이로써 그리스도를 섬기는 자는 하나님을 기쁘시게 하며 사람에게도 칭찬을 받느니라

염려를 맡기는 기도

(시 37:5)
네길을 여호와께 맡기라 그를 의지하면 그가 이루시고

(마 6:25-27)
그러므로 내가 너희에게 이르노니 목숨을 위하여 무엇을 먹을까 무엇을 마실까 몸을 위하여 무엇을 입을까 염려하지 말라 목숨이 음식보다 중하지 아니하며 몸이 의복보다 중하지 아니하냐 공중의 새를 보라 심지도 않고 거두지도 않고 창고에 모아들이지도 아니하되 너희 하늘 아버지께서 기르시나니 너희는 이것들보다 귀하지 아니하냐 너희 중에 누가 염려함으로 그 키를 한 자라도 더할 수 있겠느냐

(빌 4:6)
아무 것도 염려하지 말고 다만 모든 일에 기도와 간구로, 너희 구할 것을 감사함으로 하나님께 아뢰라

(벧전 5:7)
너희 염려를 다 주께 맡기라 이는 그가 너희를 돌보심이라

사죄의 약속 (정죄를 대적하는 기도)

(요일 1:9)
만일 우리가 우리 죄를 자백하면 그는 미쁘시고 의로우사 우리 죄를 사하시며 우리를 모든 불의에서 깨끗하게 하실 것이요

(사 1:18)
여호와께서 말씀하시되 오라 우리가 서로 변론하자 너희의 죄가 주홍 같을지라도 눈과 같이 희어질 것이요 진홍 같이 붉을지라도 양털 같이 희게 되리라

(사 43:25)
나 곧 나는 나를 위하여 네 허물을 도말하는 자니 네 죄를 기억하지 아니하리라

승리

(요일 5:4-5)
무릇 하나님께로부터 난 자마다 세상을 이기느니라 세상을 이기는 승리는 이것이니 우리의 믿음이니라 예수께서 하나님의 아들이심을 믿는 자가 아니면 세상을 이기는 자가 누구냐

(고전 10:13)
사람이 감당할 시험 밖에는 너희가 당한 것이 없나니 오직 하나님은 미쁘사 너희가 감당하지 못할 시험 당함을 허락하지 아니하시고 시험 당할 즈음에 또한 피할 길을 내사 너희로 능히 감당하게 하시느니라

(롬 8:37)
그러나 이 모든 일에 우리를 사랑하시는 이로 말미암아 우리가 넉넉히 이기느니라

기도 응답

(요 15:7)
너희가 내 안에 거하고 내 말이 너희 안에 거하면 무엇이든지 원하는 대로 구하라 그리하면 이루리라

(요 14:13-14)
너희가 내 이름으로 무엇을 구하든지 내가 행하리니 이는 아버지로 하여금 아들로 말미암아 영광을 받으시게 하려 함이라 내 이름으로 무엇이든지 내게 구하면 내가 행하리라

(요 15:16)
너희가 나를 택한 것이 아니요 내가 너희를 택하여 세웠나니 이는 너희로 가서 열매를 맺게 하고 또 너희 열매가 항상 있게 하여 내 이름으로 아버지께 무엇을 구하든지 다 받게 하려 함이라

(요 16:24)
지금까지는 너희가 내 이름으로 아무 것도 구하지 아니하였으나 구하라 그리하면 받으리니 너희 기쁨이 충만하리라

(요일 5:14-15)
그를 향하여 우리가 가진 바 담대함이 이것이니 그의 뜻대로 무엇을 구하면 들으심이라 우리가 무엇이든지 구하는 바를 들으시는 줄을 안즉 우리가 그에게 구한 그것을 얻은 줄을 또한 아느니라

인도

(잠 3:5-6)
너는 마음을 다하여 여호와를 신뢰하고 네 명철을 의지하지 말라 너는 범사에 그를 인정하라 그리하면 네 길을 지도하시리라

(시 23:1-3)
여호와는 나의 목자시니 내게 부족함이 없으리로다 그가 나를 푸른 풀밭에 누이시며 쉴 만한 물 가로 인도하시는도다 내 영혼을 소생시키시고 자기 이름을 위하여 의의 길로 인도하시는도다

(롬 8:14)
무릇 하나님의 영으로 인도함을 받는 사람은 곧 하나님의 아들이라

동행하심

(히 13:5)
돈을 사랑하지 말고 있는 바를 족한 줄로 알라 그가 친히 말씀하시기를 내가 결코 너희를 버리지 아니하고 너희를 떠나지 아니하리라 하셨느니라

(사 41:10)
두려워하지 말라 내가 너와 함께 함이라 놀라지 말라 나는 네 하나님이 됨이라 내가 너를 굳세게 하리라 참으로 너를 도와주리라 참으로 나의 의로운 오른손으로 너를 붙들리라

(요 14:16)
내가 아버지께 구하겠으니 그가 또 다른 보혜사를 너희에게 주사 영원토록 너희와 함께 있게 하리니

(마 28:20)
내가 너희에게 분부한 모든 것을 가르쳐 지키게 하라 볼지어다 내가 세상 끝날까지 너희와 항상 함께 있으리라 하시니라

사단을 이김

(약 4:7)
그런즉 너희는 하나님께 복종할지어다 마귀를 대적하라 그리하면 너희를 피하리라

(롬 8:37)
그러나 이 모든 일에 우리를 사랑하시는 이로 말미암아 우리가 넉넉히 이기느니라

(눅 10:19)
내가 너희에게 뱀과 전갈을 밟으며 원수의 모든 능력을 제어할 권능을 주었으니 너희를 해칠 자가 결코 없으리라

(요일 4:4)
자녀들아 너희는 하나님께 속하였고 또 그들을 이기었나니 이는 너희 안에 계신 이가 세상에 있는 자보다 크심이라

보호하심

(시편 91편)
지존자의 은밀한 곳에 거하는 자는 전능하신 자의 그늘 아래 거하리로다 내가 여호와를 가리켜 말하기를 저는 나의 피난처요, 나의 요새요, 나의 의뢰하는 하나님이라 하리니 이는 저가 너를 새 사냥군의 올무에서와 극한 염병에서 건지실 것임이로다 저가 너를 그 깃으로 덮으시리니 네가 그 날개 아래 피하리로다 그의 진실함은 방패와 손 방패가 되나니 너는 밤에 놀램과 낮에 흐르는 살과 흑암 중에 행하는 염병과 백주에 황폐케 하는 파멸을 두려워 아니하리로다 천인이 네 곁에서, 만인이 네 우편에서 엎드러지나 이 재앙이 네게 가까이 못하리로다 오직 너는 목도하리니 악인의 보응이 네게 보이리로다 네가 말하

기를 여호와는 나의 피난처시라 하고 지존자로 거처를 삼았으므로 화가 네게 미치지 못하며 재앙이 네 장막에 가까이 오지 못하리니 저가 너를 위하여 그 사자들을 명하사 네 모든 길에 너를 지키게 하심이라 저희가 그 손으로 너를 붙들어 발이 돌에 부딪히지 않게 하리로다 네가 사자와 독사를 밟으며 젊은 사자와 뱀을 발로 누르리로다 하나님이 가라사대 저가 나를 사랑한즉 내가 저를 건지리라 저가 내 이름을 안즉 내가 저를 높이리라 저가 내게 간구하리니 내가 응답하리라 저희 환난 때에 내가 저와 함께하여 저를 건지고 영화롭게 하리라 내가 장수함으로 저를 만족케 하며 나의 구원으로 보이리라 하시도다

믿음의 말씀사 출판물 소개

홈페이지 : http://faithbook.kr
http://www.jesuslike.org

케네스 해긴의 「믿음 도서관」(Faith Library) 책들

믿는 자의 권세 (The Believer's Authority) - 생애 기념판
케네스 해긴 지음 · 김진호 옮김 / 양장본 신국판 264 p / 값 13,000원

이 책은 그리스도 안에서 모든 믿는 자에게 합법적으로 부여된 권세에 대한 탁월한 통찰을 주고 있는 해긴 목사님의 책 중에서 가장 많이 읽혀진 책입니다.

당신이 알아야 하는 신유에 관한 일곱 가지 원리 (Seven Things Should Know about Divine Healing)
케네스 해긴 지음 · 김진호 옮김 / 국판 112 p / 값 5,000원

신유에 관한 성경의 진리를 가르치고 있는 책으로 병든 자에게는 치유를, 건강한 자에게는 건강을 보장해 주는 하나님의 약이 될 것입니다.

기도의 기술 (The Art of Prayer)
케네스 해긴 지음 · 김진호 옮김 / 국판 208 p / 값 7,000원

경건의 모양은 있으나 하나님의 능력이 없는 종교인을 닮아가는 그리스도인에게 정확한 말씀을 통해 실제로 응답받는 기도의 기술을 가르쳐 주는 책입니다.

인간의 세 가지 본성 (The Threefold Nature of Man) - 증보판
케네스 해긴 지음 · 김진호 옮김 / 국판 128 p / 값 5,500원

바울은 인간을 영, 혼, 몸을 가진 존재로 말하고 있습니다. "나는 영이며, 혼을 가지고 있고, 몸 안에 살고 있다"는 기본 진리를 알아야 영적 성장과 진보가 있습니다.

어떻게 하나님의 영으로 인도받을 수 있는가? (How You Can Be Led by the Spirit of God)
케네스 해긴 지음 · 김진호 옮김 / 국판 208 p / 값 7,000원

하나님을 알고 그 분의 성품을 닮을 뿐 아니라 예수님처럼 아버지의 온전한 뜻을 좇아서 승리의 삶을 살 수 있도록 도움을 줍니다.

믿음의 계단 (New Thresholds of Faith)
케네스 해긴 지음 · 김진호 옮김 / 국판 256 p / 값 8,500원

믿음에 관한 성경의 가르침을 자신의 삶에 적용하여 풍성한 간증과 함께 가르치므로 누구나 이해하기가 쉽고 믿음으로 살고 싶은 거룩한 용기가 생깁니다.

마이더스 터치 (The MIDAS TOUCH)
케네스 해긴 지음 · 김진호 옮김 / 신국판 192 p / 값 8,000원

성경적 부요함의 축복을 누리는 많은 그리스도인들이 나타나서 한국 교회가 세계 선교에 쓰임 받는데 한 몫을 하는 예수 선교 재벌의 탄생을 기대합니다.

당신을 향한 하나님의 계획 (Following God's Plan For Your Life)
케네스 해긴 지음 · 김진호 옮김 / 국판 256 p / 값 8,500원

당신만을 위한 하나님의 완전한 계획이 있다는 사실을 믿으십시오. 어떻게 그 길을 인도받을 수 있는지 가르쳐주는 실제적인 지침서가 여기 있습니다.

하나님 가족의 특권 (Welcome to God's Family)
케네스 해긴 지음 · 김진호 옮김 / 국판 176 p / 값 6,500원

어떤 목사님은 자신의 교회로 온 신자의 60%가 구원의 확신이 없는 명목상 그리스도인이었다고 말했습니다. 해긴 목사님의 새 신자에게 가르친 말씀을 보십시오.

나는 환상을 믿습니다 (I Believe in VISION)
케네스 해긴 지음 · 김진호 옮김 / 국판 208 p / 값 7,000원

환상과 계시의 경험을 말하면서도 저자가 하나님께 대한 절대적 신뢰와 기록된 말씀에 대한 확신을 가진 것을 배울 수 있습니다.

하나님의 계획과 목적과 추구 (PLANS PURPOSES PURSUITS)
케네스 해긴 지음 · 김진호 옮김 / 국판 224 p / 값 8,000원

다가오는 하나님의 거대한 영적 기름부음을 위해서는 인간의 계획과 목적과 추구하는 바를 내려놓고 하나님을 향한 진정한 예배를 추구해야 합니다.

역사하는 기도 (Steps to Answered Prayer)
케네스 해긴 지음 · 김진호 옮김 / 국판 256 p / 값 9,000원

당신의 기도가 응답받지 못한다 해도 희망을 잃지 마십시오. 하나님께서는 당신의 기도를 들으시고 응답하십니다. 이 책을 통해 기도의 응답을 누리십시오!

병을 고치는 하나님의 말씀 (Healing Scriptures)
케네스 해긴 지음 · 김진호 옮김 / 국판 184 p / 값 7,000원

해긴 목사님은 이 책을 통해 어떻게 하나님의 처방약-하나님의 말씀-을 복용해서 그것이 당신의 모든 육체에 치유와 생명이 되게 하는지 명확하게 지도해줍니다!

영적 성장 (Growing Up, Spiritually)
케네스 해긴 지음 · 김진호 옮김 / 국판 192 p / 값 7,000원

이 책은 당신이 영적으로 어느 단계에 있는지 분별하는데 도움을 주며, 높은 영적 수준으로 자랄 수 있도록 도와 줄 것입니다.

치유의 기름부음 (The Healing Anointing)
케네스 해긴 지음 · 김진호 옮김 / 국판 344 p / 값 10,000원

이 책은 자연적인 전기의 힘과 초자연적인 하나님의 능력의 유사성에 관해 설명하고 있습니다. 하나님의 치유의 능력과 협력하는 법을 배우십시오.

크게 성장하는 믿음 (Exceedingly Growing Faith)
케네스 해긴 지음 · 김진호 옮김 / 국판 160 p / 값 6,000원

믿음으로 살고자 하는 모든 신자들에게 유용한 책입니다. 해긴 목사님은 이렇게 말합니다. "믿음이 자람에 따라, 사탄의 지배는 약해집니다."

신선한 기름부음 (A Fresh Anointing)
케네스 해긴 지음 · 김진호 옮김 / 국판 176 p / 값 7,000원

이 책은 하나님의 말씀 안에 이미 예비하신 축복 안으로 들어가서 매일 그들의 삶 속에서 신선한 기름부음을 받을 수 있는 지에 대하여 말하고 있습니다.

예수 열린 문 (Jesus The Open Door)
케네스 해긴 지음 · 김진호 옮김 / 국판 216 p / 값 8,000원

하나님을 신뢰하며 하나님의 축복의 문을 여는 법과 그 열린 상태를 유지하는 법을 배운다면 당신 생애 최고의 날들이 펼쳐질 것입니다!

믿음이란 무엇인가 (What Faith Is)
케네스 해긴 지음 · 김진호 옮김 / 국판 64p / 값 2,500원

이 책에서 해긴 목사님은 성경적으로 믿음을 정의하며 이렇게 말합니다. "믿음은 실존하지 않는 바라는 것들을 붙잡아 현실 세계로 가져오는 것입니다."

진짜 믿음 (The Real Faith)
케네스 해긴 지음 · 김진호 옮김 / 국판 56 p / 값 2,000원

진짜 믿음은 아브라함과 같은 믿음이며, 그것은 육체의 증거에 근거한 것이 아니라 하나님의 말씀에 근거한 것임을 이야기합니다.

기름부음의 이해 (Understanding the Anointing)
케네스 해긴 지음 · 김진호 옮김 / 국판 264 p / 값 9,000원

기름부음을 이해함으로써 하나님의 영광이 나타나는 것과 비교할만한 것은 세상 어디에도 없다는 것을 여러분은 발견하게 될 것입니다.

그리스도께서 지금 하고 계시는 일 (The Present-Day Ministry of Jesus Christ)
케네스 해긴 지음 · 김진호 옮김 / 국판 64 p / 값 2,500원

이 책은 예수님께서 당신이 풍성한 삶을 누릴 수 있도록 하나님의 우편에서 우리를 위해 현재 하고 계신 일에 대해서 고찰하고 있습니다.

승리하는 교회 (THE TRIUMPHANT CHURCH)
케네스 해긴 지음 · 김진호 옮김 / 신국판 496 p / 값 15,000원

이 책은 당신의 삶 가운데서 사탄의 패배를 어떻게 강요하는지 보여줌으로써 모든 신자들에게 하나님께서 의도하셨던 승리하는 삶을 살 수 있도록 해줍니다.

믿음의 양식 (FAITH FOOD)
케네스 해긴 지음 · 김진호 옮김 / 국판 384 p / 값 13,000원

케네스 해긴 목사님이 한 입 베어 물기 적당한 크기로 맛있게 조리한 이 책은 당신의 매일의 삶에 힘을 불어넣어 하나님의 말씀으로 만찬을 즐기도록 할 것입니다.

조에 (ZOE : The God-Kind of Life)
케네스 해긴 지음 · 김진호 옮김 / 국판 96 p / 값 4,000원

이 책은 당신이 하나님과 함께 정복하고 왕 노릇하도록 하는 안내서로써 성령의 삶 안에서 당신이 어떻게 탁월하게 살 수 있는지 그 비밀을 알려줍니다.

그리스도의 선물 (HE GAVE GIFTS UNTO MEN)
케네스 해긴 지음 · 김진호 옮김 / 신국판 368 p / 값 12,000원

이 책은 사도, 선지자, 그리고 목사들이 오늘날 그리스도의 몸 안에서 반드시 해야 할 기능에 대해 성경적인 관점을 보여주고 있습니다.

믿음이 흔들리고 패배한 것 같을 때 승리를 얻는 법
케네스 해긴 지음 · 김진호 옮김 / 신국판 160 p / 값 7,000원

믿음이 흔들리고 패배한 것 같을 때 이 책에 기록된 열 가지 단계를 순서대로 밟아 나간다면 여러분은 패배의 삶으로부터 확실한 승리의 길로 나아가게 될 것입니다.

충분하고도 넘치는 하나님 엘 샤다이 (EL SHADDAI)
케네스 해긴 지음 · 김진호 옮김 / 국판 64 p / 값 2,500원

이 책은 우리의 사랑하시는 하늘의 아버지는 우리가 원하는 만큼 오래 살게 하시는 풍성하신 하나님이라는 것을 보여주고 있습니다.

그리스도 안에서 (In Him)
케네스 해긴 지음 · 김진호 옮김 / 문고판 48 p / 값 1,000원

예수 그리스도의 죽음과 부활을 통해 새로운 신분과 권세와 기업을 깨닫게 해 주셨습니다. 그리스도 안에 있는 그리스도인의 축복을 계시받고 누리십시오.

새로운 탄생 (The New Birth)
케네스 해긴 지음 · 김진호 옮김 / 문고판 48 p / 값 1,000원

성경이 말하는 새로운 탄생의 의미와 새로운 피조물의 실체를 소개한 책으로 구원의 확신뿐 아니라 구원받은 자의 영적 상태를 설명해 주는 책입니다.

방언기도의 능력을 풀어 놓으라 (Why Tongues?)
케네스 해긴 지음 · 김진호 옮김 / 문고판 64 p / 값 1,200원

방언을 받기 위해 노력하는 성도와 이 중요한 선물을 자기 것인 줄도 모르고 받지 못하는 많은 구원받은 성도들에게 계시의 눈을 열어 주게 될 것입니다.

재정 분야의 순종 (Obedience in Finances)
케네스 해긴 지음 · 김진호 옮김 / 문고판 48 p / 값 1,000원

재물과 하나님을 겸하여 섬길 수 없습니다! 이 책은 바로 순종하는 삶, 성령 인도 받는 삶, 하나님의 능력의 도구로 쓰임 받는 비밀을 가르쳐 주고 있습니다.

말 (Words)
케네스 해긴 지음 · 김진호 옮김 / 문고판 48 p / 값 1,000원

말은 하나님의 창조 원리와 창조 능력을 간직한 복음을 말함으로 믿는 자에게 능치 못함이 없다고 하신 하나님의 능력을 풀어 놓는 믿음을 활성화합니다.

나는 지옥에 갔다 왔습니다 (I Went to Hell)
케네스 해긴 지음 · 김진호 옮김 / 문고판 48 p / 값 1,000원

천국과 지옥의 실재와 하나님의 거룩하심과 성도의 구별된 삶, 회개를 촉구하는 말씀을 통해 지옥의 실재를 깨우치고 하나님이 주시는 풍성한 삶을 살게 합니다.

하나님의 처방약 (God's Medicine)
케네스 해긴 지음 · 김진호 옮김 / 문고판 48 p / 값 1,000원

말씀이 심령 가운데 가득 차서 입술을 통해 "믿음의 말씀"으로 선포되고 고백될 때 하나님의 자녀의 권세를 실제로 행사하는 그리스도인으로서 살게 됩니다.

더 좋은 언약 (A Better Covenant)
케네스 해긴 지음 · 김진호 옮김 / 문고판 48 p / 값 1,000원

율법적인 설교와 신앙생활에 눌려 사는 수 많은 한국의 그리스도인들에게 크나 큰 자유를 주는 진리를 발견하도록 계시를 더 줄 것입니다.

옳은 사고방식 틀린 사고방식 (Right and Wrong Thinking)
케네스 해긴 지음 · 김진호 옮김 / 문고판 64 p / 값 1,200원

그리스도인들이 넘어서야 할 가장 큰 과제가, 하나님 말씀의 사람 - '성경대로 생각하고 믿고 말하는 믿음의 사람' 이 되는 것입니다.

속량 - 가난, 질병, 영적 죽음에서 값 주고 되사다 (Redeemed from Poverty, Sickness, and Spiritual Death)
케네스 해긴 지음 · 김진호 옮김 / 문고판 64 p / 값 1,200원

그리스도께서 십자가에서 죽으시고 부활하심으로 마귀의 저주와 권세로부터 믿는 사람들을 완전히 되사셨습니다(Redeemed).

예수의 보배로운 피 (The Precious Blood of Jesus)
케네스 해긴 지음 · 김진호 옮김 / 문고판 48 p / 값 1,000원

예수님의 피는 죄의 값인 사망으로부터 우리를 값주고 되산 속량의 피요 이를 믿는 자들을 의롭다하실 하나님과 세우신 새 언약의 피입니다.

하나님을 탓하지 마십시오 (Don't Blame God!)
케네스 해긴 지음 · 김진호 옮김 / 문고판 48 p / 값 1,000원

하나님은 우리를 사랑하셔서 아들까지 내어주신 분입니다. 문제는 하나님 편이 아니라 내 편에 있다는 것을 인정할 때 문제 해결의 길이 열립니다.

네 주장을 변론하라 (Plead Your Case)
케네스 해긴 지음 · 김진호 옮김 / 문고판 48 p / 값 1,000원

소원을 부탁하거나, 말씀 한 구절을 붙잡고 고백하는 기도가 아니라, 어떻게 하나님께 나아가서 그 분께 말씀을 드리는지 기도의 예전(protocol)을 소개합니다.

셀 모임에서 성령인도 받기 (Learning To Flow with the Spirit of God)
케네스 해긴 지음 · 김진호 옮김 / 문고판 48 p / 값 1,000원

셀 모임이나 기도 모임에서 어떻게 성령님이 인도하시는 방향으로 그 흐름을 놓치지 않고 따를 수 있는지 목사님의 평생 사역 경험을 소개하고 있습니다.

기타 「믿음의 말씀」 설교자의 책들

성령의 삶 능력의 삶 (The Walk of the Spirit The Walk of Power)
데이브 로버슨 지음 · 김진호 옮김 / 국판 480 p / 값 13,000원

방언 기도의 비밀을 밝힌 하나님의 놀라운 계시가 여기 있습니다. 이 책은 방언 기도를 통해 어떻게 성령을 따라 걸으며 능력을 따라 살 수 있는지를 가르쳐 줍니다.

왕과 제사장
김진호 지음 / 국판 136p / 값 6,500원

이 책에는 하나님 나라의 왕과 제사장으로서 이 땅에서 승리하며 다스리고 살아가는 데 필요한 실제적이고 구체적인 많은 계시가 들어 있습니다.

믿음의 반석
최순애 지음 / 국판 352p / 값 12,000원

이 책은 당신이 예수님을 영접한지 얼마 되지 않았거나 성숙한 성도이거나를 막론하고 당신의 믿음을 반석 위에 올려놓을 수 있는 길잡이가 될 것입니다.

새 언약의 기도
최순애 지음 / 신국판 192p / 값 8,000원

기도의 본질은 하나님을 움직이게 하는 것이 아니라, 예수님이 십자가에서 이미 이루어 준비해 놓으신 것을 내가 믿음으로 취하여 축복받는 자리로 들어가는 것입니다.

위글스워스 : 하나님과 함께 동행했던 사람 (Wigglesworth : A Man Who Walked With God)
조지 스토몬트 지음 · 김진호 옮김 / 국판 192 p / 값 7,000원

세상을 흔들었고 새로운 은사주의 갱신의 기초를 제공했던 믿음의 사도, 위글스워스의 삶과 사역의 영적인 의미를 파악할 수 있습니다.

스미스 위글스워스 : 하나님의 능력으로 불타오른 삶 (Smith Wigglesworth : A Life Ablaze With The Power of God)
윌리엄 하킹 지음 · 김진호 옮김 / 국판 104 p / 값 5,000원

이 책을 읽은 사람들은 그리스도인들로서 사는 삶에 영감을 받고 담대한 믿음에 대한 도전을 받게 될 것을 확신합니다.

승리하는 믿음 (Faith That Prevails)
스미스 위글스워스 지음 · 김진호 옮김 / 46판 112p / 값 4,000원

여기 당신의 삶을 바꿀 수 있는 책이 있습니다. 당신이나 당신이 사랑하는 사람이 오늘 당면하고 있는 시련에 대한 위로를 발견하게 될 것입니다.

스미스 위글스워스의 천국 (SMITH WIGGLESWORTH - HEAVEN)
스미스 위글스워스 지음 · 박미 옮김 / 신국판 320 p / 값 11,000원

스미스 위글스워스는 이 책에서 당신이 죽은 후에 맞이하게 될 새로운 삶을 어떻게 준비할 수 있을지 자신이 체험한 드라마틱한 경험을 바탕으로 이야기하고 있습니다.

행동하는 신자들 (BELIEVERS IN ACTION)
T. L. 오스본 지음 · 김진호 옮김 / 46판 112p / 값 4,000원

우리가 그리스도의 형상을 세계에 알리는 것은 우리의 생각과 우리의 말, 그리고 우리의 행동을 통해서입니다. 우리는 행동하는 신자들입니다.

기적 - 하나님 사랑의 증거 (MIRACLES - Proof of God's Love)
T. L. 오스본 지음 · 김진호 옮김 / 46판 144p / 값 4,500원

기적은 위대한 모든 만물을 창조하신 하나님 앞에서는 그저 평범한 것입니다. 이 책을 읽을 때, 당신 또한 그리스도의 임재의 기적들을 체험하게 될 것입니다.

새롭게 시작하는 기적 인생 (New Miracle Life Now)
T. L. 오스본 / 라도나 오스본 지음 · 박미 옮김 / 46판 288p / 값 8,000원

이 책에는 인간의 제반 문제들에 대한 해답이 있습니다. 불확실성을 확신으로, 열등감을 자존감으로, 무력감을 자신감으로 바꾸는 것은 가능합니다.

100개의 신유 진리 (100 DIVINE HEALING FACTS)
T. L. 오스본 지음 · 김진호 옮김 / 문고판 48 p / 값 1,000원

병든 사람들의 손에 이 작은 책을 들려주고 읽어주고 믿음이 자랄 수 있도록 반복해서 가르쳐서, 하나님의 병 고침을 체험하도록 도와줍니다.

믿음의 말씀 고백 기도집 (The Confessions of a Baptist Preacher)
잔 오스틴 지음 · 김진호 옮김 / 46판 136 p

어떻게 하나님의 말씀을 고백하고 인생에서 위대한 변화를 가져올 수 있는지를 정확히 알려줄 것입니다. 이 책을 고백의 교과서와 설명서로 사용하십시오.

하나님의 사랑의 흐름 (The Divine Flow)
잔 오스틴 지음 · 김진호 옮김 / 46판 48 p

당신이 하나님의 사랑의 흐름을 느낄 때면 당신은 하나님을 느끼고 있는 것입니다. 하나님의 사랑의 흐름을 따라 감으로써 새로운 모험을 즐기게 될 것입니다!

견고한 진 무너뜨리기 (Pulling Down Strongholds)
잔 오스틴 지음 · 김진호 옮김 / 46판 48 p

하나님은 지금 당신의 상황 속에서 어떻게 승리할 수 있는지를 조명해 주실 것이며, 미래의 모든 싸움에서도 당신이 이길 수 있도록 도와주실 것입니다!

초자연적인 흐름을 따르는 법 (How to flow in the Super Supernatural)
잔 오스틴 지음 · 김진호 옮김 / 46판 96 p

당신이 만일 사랑 안에서 확고하고 담대하게 성경이 가르치고 있는 것을 주장한다면 하나님께서는 결코 당신을 실망시키지 않으실 것입니다!

복을 취하는 법 (How to take possession of the Blessing)
R.R.쏘아레스 지음 · 김진호 옮김 / 국판 128p / 값 5,500원

이 책이 당신에게 무엇인가 새로운 것입니다. 이것은 과거에 우리 형제들이 이해하고 있었던 것으로써 그렇게 많은 귀한 승리를 누렸던 사람들의 승리의 비결입니다.

믿음으로 사는 삶 (The Life of Faith)
코넬리아 나줌 지음 · 신현호 옮김 · 김진호 추천 / 46판 176p / 값 6,000원

믿음으로 살았던 한 평범한 선교사님의 입을 통해 믿음으로 사는 삶의 비상한 이야기를 통하여 독자들을 하나님의 나라를 향해 더욱 높이 올라가게 할 것입니다.

그리스도 안에 있는 나를 인정하기 (In Christ)
마크 행킨스 지음 · 김진호 옮김 / 문고판 48 p / 값 1,000원

'그리스도 안에서' 의 메시지를 각 사람이 말씀으로 자기 영상과 사고방식을 새롭게 하고 태도와 말까지 일치시킬 때 말씀의 열매와 능력이 나타납니다.

여기서 머물지 말라 (Don't Stop Here!)
크리스 오야킬롬 지음 · 김진호 옮김 / 46판 72p / 값 2,500원

이 책은 당신이 영적인 성장을 사모하며 당신이 편안하게 거주하던 지역에서 나오도록 하여 영의 깊은 영역으로 들어가도록 당신을 흔들어 일깨울 것입니다.

Jesus Mission Academy
예수 선교 사관학교

당신을 향한 '하나님의 계획'을 찾아 이루고 싶지 않으십니까?

당신은 인생에서 이런 것들을 원하지 않습니까?

- 당신의 삶을 향한 하나님의 최고의 계획을 찾아 살 수 있습니다.
- 셀 교회 원리를 체득하여 교회개척의 프론티어가 될 수 있습니다.
- 새 언약의 비밀인 새로운 피조물의 실체를 확실히 깨달을 수 있습니다.
- 하나님의 영으로 인도받으며 그 흐름을 따르는 법을 배울 수 있습니다.
- 성령의 삶 능력의 삶을 사는 하나님의 군대의 장교가 될 수 있습니다.

예수 선교 사관학교가 당신을 그 곳으로 인도할 것입니다.

- 열매로 검증된 강사들
- 현장 실습과 체험적 지식
- 셀 교회 선교 네트워크와 연결
- 다른 사람에게 가르칠 수 있는 내용

예수 선교 사관학교는 당신을 위해 하나님이 세우신 훈련소입니다.

'셀 교회 개척과 번식 원리' 라는 가죽 부대 안에 케네스 해긴 목사님이 세우신 미국 털사의 레마 성경 훈련소에서 가르치는 '믿음의 말씀' 이라는 새 포도주를 레마 출신 현역 사역자들이 배달할 것입니다.

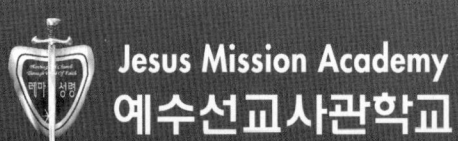

경기도 용인시 기흥구 마북동 323-4
TEL : (031) 8005-8895~6
http://www.jesuslike.org